PREIS zur 2007
ERNEUERUNG GEISTIGER WERTE

DR.-ING.-HANS-JOACHIM-LENZ-STIFTUNG
STIFTUNG ZUR ERNEUERUNG GEISTIGER WERTE

17
EDITION
ERNEUERUNG GEISTIGER WERTE

Dr.-Ing.-Hans-Joachim-Lenz-Stiftung

Das Projekt

Die Dr.-Ing.-Hans-Joachim-Lenz-Stiftung, Stiftung zur Erneuerung geistiger Werte, Mainz, schreibt einen jährlichen Preis unter Studierenden des Fachbereichs 05 Philosophie und Philologie der Johannes Gutenberg-Universität Mainz aus. Die Stiftung verfolgt das Ziel, Entwicklungen und Forschungen auf dem Gebiet Bildung und Erziehung, Sprachkultur und Ethik, Menschenbild und Persönlichkeitsentfaltung zu fördern.

Der Preis prämiert schriftliche Arbeiten, die sich mit einem oder mehreren der folgenden Themen befassen:

- Erneuerung geistiger Werte
- Wertewandel
- Menschenbild
- Würde des Menschen
- Kultivierung der deutschen Sprache
- Visionen künftiger Lebensformen.

Die Arbeiten werden nach Inhalt und nach Sprachqualität beurteilt. Sie sollen 60–80 Seiten bei 1.800 Zeichen pro Seite umfassen und auf elektronischem Datenträger mit Papierausdruck geliefert werden. Einsendeschluss: 31.10.2007

Als Preise werden ausgelobt

1. Preis € 3.000,00
2. Preis € 2.000,00
3. Preis € 1.000,00

2 Ankäufe à € 500,00

Mit der Auszahlung der jeweiligen Prämien erwirbt die Stiftung die Publikationsrechte in der Schriftenreihe EDITION ERNEUERUNG GEISTIGER WERTE.

Die Jury besteht aus

Prof. Dr. Stephan Grätzel – Universität Mainz
Prof. Dr. Helmut Glück – Universität Bamberg
Prof. Dr. Walter Krämer – Universität Dortmund
1. Vorsitzender Verein deutsche Sprache e.V.
Prof. Dr. Clemens Zintzen – Universität Köln, Akademie der Wissenschaften, Mainz
Dr.-Ing. Hans-Joachim Lenz – Stiftungsvorstand

Der Sonderpreis

Bei dem von der Lenz-Stiftung ausgeschriebenen Wettbewerb um einen »Preis zur Erneuerung geistiger Werte« unter Studierenden der Fachbereiche Philosophie und Philologie an der Universität Mainz konnte sich die Jury nicht einhellig entschließen, eine Arbeit mit einem Preis auszuzeichnen, da Mindestanforderungen an Wissenschaftlichkeit nicht erfüllt wurden. Die Stiftung wird daher eine Arbeit von Elena Fischer zum Thema »Homosexualität« mit einer **Sonderdotierung in Höhe von € 1.000,00** prämieren, die den Maßstäben und Zielen der Stiftung in besonderer Weise entspricht.

Mit ihren Ausführungen zeigt die Autorin freiheitliche Gesinnung, Achtung der Menschenwürde, klare Denkstrukturen, hohes Engagement und deutschsprachliches Niveau – und dies bereits im jugendlichen Alter und zu Beginn einer akademischen Ausbildung.

Die Dotierung durch die Stiftung soll junge Menschen zum selbständigen Forschen und zur freien Entfaltung innerer Fähigkeiten ermutigen, um sie in die Lage zu versetzen, universitären Lehrstoff in ein eigenes Lebenskonzept einzubauen. Die Stiftung wird die 68seitige Arbeit von Elena Fischer unter dem Titel

VON DER FREIHEIT DES MENSCHEN
im Blickwinkel seiner Geschlechterrolle

in der Editionsreihe publizieren. Damit bekennt sich die Stiftung erneut zu der pädagogischen und humanistischen Grundauffassung, dass im Heranwachsenden bereits alles vorhanden ist und einer Entfaltung lediglich verholfen werden kann, einer Grundauffassung, die bereits in 16 einzelnen Fördermaßnahmen der Stiftung zum Thema »Jugend lehrt Jugend«, »Das vergessene Wort« und »frühkindliche Musikerziehung« zum Ausdruck gebracht wurde: Man muss nichts hineintun, man muss verstehen herauszuholen. Die Stiftung will fördern, was verborgen liegt.

Die Beurteilung

Absicht des Wettbewerbs war, neben der bestehenden Förderung **einzelner Personen** im Rahmen der Forschungen eines Lehrstuhls zu speziellen Themen **allen Studierenden** des Fachbereichs Philosophie und Philologie der Universität Mainz die Möglichkeit zu eröffnen, sich zu selbst gewählten Themen im Rahmen der Ausschreibung zu äußern und gegebenenfalls zu profilieren. Die Lenz-Stiftung verspricht sich dabei freie Meinungsäußerung fern von Lehrmeinungen und Lehrstoff, Übung im Erarbeiten und Darstellen von Themen, Erkennen des eigenen geistigen Potenzials. Ziel ist nicht wissenschaftliche Erkenntnis, sondern Entwicklung der Persönlichkeit junger Menschen.

Die von Elena Fischer eingereichte Arbeit zur Homosexualität wird von der Lenz-Stiftung wie folgt beurteilt:

Struktur
Die Arbeit der Verfasserin ist eindeutig und lobenswert in Kapiteln und Unterkapiteln strukturiert und verzichtet auf vielstellige und verwirrende Klassifizierungen.

Inhalt
Der Inhalt der Kapitel zeigt einen logischen, professionellen und leicht verständlichen Aufbau: Nach Einleitung und Definition (Kap 2) folgt die derzeitige Rechtslage (Kap 3+4). Sodann wird Stand der Forschung in Vergangenheit (Kap 5) und Gegenwart (Kap 6) dargestellt, mit einem Seitenblick in die leidvolle Situation (Kap 7). Dies wiederum dient der Ursachenforschung (Kap 8). Im Weiteren werden soziale Faktoren aufgezeigt (Kap 9–12). Danach folgen Schlussworte (Kap 13). Das Thema der Arbeit ist inhaltlich überzeugend aufbereitet und lässt überdurchschnittliche Fähigkeit erkennen, logische Zusammenhänge über weite Strecken herzustellen und vor allem aufrechtzuerhalten.

Tiefe
Die Verfasserin hat sehr umfangreich und auf vielen relevanten Bereichen recherchiert. Sie zeigt damit ihre Gewissenhaftigkeit, mit Themen umzugehen und einen Leserkreis sachlich zu informieren. Dieser Aspekt hat im Hinblick auf ihren weiteren Studiengang und wissenschaftliche Korrektheit besondere Bedeutung.

Sprache
Der Gebrauch der deutschen Sprache ist in Rechtschreibung einwandfrei, hat kaum erwähnenswerte Fehler bei der Interpunktion, Ausdruck und Wortwahl sind flüssig und lebendig, kaum Anglizismen. Im Vergleich zum Abiturientenniveau, der Stiftung aus zahlreichen Projekten bekannt, kann diese Arbeit in sprachlicher Hinsicht mit absolut sehr gut eingestuft werden.

Zusammenfassend kann gesagt werden, dass die Autorin der Arbeit »Homosexualität« das Thema mit Sachverstand, Engagement, mit Sorgfalt und Achtung vor der menschlichen Würde behandelt hat. Sie stellt ihre Betrachtungen in den Rahmen grundgesetzlicher Freiheit und offenbart damit ihre ethische Gesinnung und ihr menschliches Potenzial.

VON DER FREIHEIT DES MENSCHEN

im Blickwinkel seiner Geschlechterrolle

Elena Fischer

ISBN-10 3-938088-18-4
ISBN-13 978-3-938088-18-0

1. Auflage September 2008

Grafische Gestaltung: Andreas Willisch, Mainz
Printed in Germany
Druck und Vertrieb:
Books on Demand GmbH Norderstedt

Inhalt

»Folge deinem Herzen,
auch wenn es dich vom Pfade
ängstlicher Seelen wegführt.«
WILHELM REICH, PSYCHOANALYTIKER

Vorwort der Stiftung

Die Qualitäten dieser Arbeit und die Übereinstimmung mit Maximen der Stiftung waren Anlass zur Prämierung und Publikation. Wenn diese Gesellschaft laut Grundgesetz jedem die Freiheit seiner Geschlechterrolle zusichert, heißt das nicht nur, dass »Andersartige« gleiche Rechte haben, sondern auch, dass der übrige Teil der Gesellschaft sie nicht nur zu tolerieren hat – Toleranz ist leicht auf Zungen –, sondern von Gesetzes wegen **verpflichtet** ist, sie als Gleichartige zu achten. Wenn diese Gesellschaft in einem Grundgesetz Menschen anderer Religionen und Weltsichten – gemeint sind vor allem Nichtchristen – Freiheit ihres Denkens zusichert, dann heißt das auch, dass der andere Teil – Andersdenkende und Nichtdenkende – **verpflichtet** ist, jene nicht zu verunglimpfen, zu verleumden oder gar zu verdammen. Toleranz ist kein Wort sondern gelebtes Leben.

Die Stiftung will mit dieser Publikation zum Thema »Homosexualität« keine Lanze brechen für diese so genannte Abnormität. Die Zeit ist längst vorbei, wo unterschiedliche Lebensformen in der Gesellschaft um Anerkennung ringen müssen. Provokative Auftritte in der Öffentlichkeit wirken eher grotesk und antiquiert. Das Selbstwertgefühl der »Ausgegrenzten« bedarf keiner Steigerung. Eine Minderwertigkeit liegt eher bei denen, die den Menschen die grundgesetzliche Freiheit absprechen, die abgrenzen, ausgrenzen, diffamieren, Würde verletzen und andere in Ecken stellen, um den eigenen Mangel an menschlicher Größe zu verdecken.

Heute geht es nicht mehr darum, eine gleichgeschlechtliche Beziehung aufzuwerten, sondern den anderen den Mangel an Großmut, Liebe, Achtung und den Verstoß gegen Menschlichkeit vorzuhalten. Der Mensch ist frei in der Gestaltung seines Lebens, solange er nicht gegen das Gemeinwohl verstößt. Die Zeit ist gekommen, den »Normalen« und Ausgrenzenden deutlich zu machen, dass sich Würde daraus ergibt, wie weit die Gesellschaft bereit ist, die Freiheit der Lebensgestaltung abzusichern. Die Freiheit des Menschen ist, wie das Grundgesetz fordert, Voraussetzung für seine angestammte Würde. Es wird zur Pflicht eines jeden Bürgers, diese Freiheit zum wiederholten Male zu proklamieren und sie denen vor Augen zu führen, die eine freie Entfaltung des Menschen hindern und in Missachtung des Gemeinwohls in normierende Grenzen verweisen, in Grenzen der Machtausübung von Religionen, Weltsichten und politischen Systemen.

1
Vorwort der Autorin

»Die Würde des Menschen ist unantastbar.«

»Jeder hat das Recht auf die freie Entfaltung seiner Persönlichkeit...«

Zwei Zitate aus dem Grundgesetz. Sie verpflichten insbesondere den Staat und seine Institutionen zu Toleranz und Humanität seinen Bürgern gegenüber. In ihrer Fernwirkung sollen darüber hinaus die Menschen untereinander dazu angehalten werden, innerhalb ihrer sozialen Gemeinschaft entsprechende ethische Werte zu leben. Bemerkenswert ist, dass solche Ansprüche erst in der Verfassung festgehalten werden müssen. Eigentlich sollten sie eine logische Konsequenz aus dem Gebrauch des menschlichen Verstandes darstellen. Zwei Zitate aus dem Grundgesetz, die jedes Jahr, jeden Tag, jede Stunde und jede Sekunde immer wieder aufs Gröbste missachtet werden. Egal, wo man sich aufhält. Sei es in der Schule, auf der Straße, in der Familie, im Supermarkt oder beim Arzt. Missachtet von Menschen, die sich stark genug fühlen, die vermeintlich Schwächeren teilweise mit regelrechter Willkür auszugrenzen, zu beleidigen, körperlich und gleichzeitig seelisch anzugreifen und zu verletzen. Es tut weh, selbst Zielscheibe des Spottes zu werden, oder als Beobachter auch nur zu sehen, wie anderen Menschen diese Rolle zukommt, immer in dem Wissen, dass jeder gespendete Trost allzu oft nur der Versuch ist, alles ein bisschen zu relativieren. Dass man lernen kann, damit klarzukommen. Dass es irgendwann nicht mehr schmerzt. Weil es alltäglich (geworden) ist. Vermeintlich Schwächere? Das sind Menschen, die nicht ins Raster passen. Menschen sind angreifbar, wenn sie anders aussehen, sich anders verhalten, oder andere Einstellungen haben als die Mehrheit. Sie ecken an, z.B. als Behinderte, Ausländer oder Afroamerikaner um nur einige zur Veranschaulichung zu nennen. Darunter fallen natürlich auch Menschen, deren sexuelle Orientierungen sich von denen der Mehrheit unterscheiden. Meine Seminararbeit widmet sich dem Thema Homosexualität. In Anbetracht der Tatsache, dass der Anteil der offen lebenden Lesben und Schwulen an der Gesamtbevölkerung in Deutschland bei ca. 5–10% liegt – wer nicht offen lebt, kann logischerweise auch nicht in die Statistiken aufgenommen werden – wird es Zeit, sich damit genauer auseinanderzusetzen um vielleicht nicht nur die Vorurteile und Berührungsängste anderer Menschen in dieser Hinsicht abzubauen, sondern auch die eigenen. Meine Arbeit soll keine, wie man es leider zu oft liest, oberflächliche Abhandlung dieses brisanten Themas sein, sondern ihren gebührenden Teil zur Aufklärung beitragen, indem sie einen allumfassenden Blick darauf wirft und auch die Randbereiche ausleuchtet. Zugleich soll meine Arbeit informativen und Rat gebenden Charakter erhalten. Psychologische Vorgänge im Menschen wecken meine Neugierde und ich habe ein ernsthaftes Interesse daran, unter die Oberfläche zu sehen. Dazu gibt mir meine Seminararbeit die Chance und mit einer genauen Ausarbeitung möchte ich diese Chance für mich und für den Leser nutzen.

2 Einleitung und Definitionsversuch

Homosexualität ist die Bezeichnung für eine geschlechtliche Orientierung – im Gegensatz zur Heterosexualität – auf Menschen des eigenen Geschlechts. Schlägt man in Wörterbüchern und Lexika den Begriff Homosexualität nach, stellt man fest, dass sich die Definitionen sehr ähnlich sind. Auffallend ist, dass die Homosexualität immer nur mit Sex in Verbindung gebracht wird (sexuelle Anziehung, sexueller Antrieb, sexuelles Empfinden und Verhalten). Dass Homosexualität aber viel mehr ist, nämlich Gefühle, gemeinsames Erleben, Zuneigung, Freundschaft und Liebe, nur eben mit Partnern, die dem eigenen Geschlecht angehören, wird zu oft vergessen. Wenn Menschen sich jedoch emotional, erotisch und sexuell vorwiegend von Menschen des eigenen Geschlechts angezogen fühlen, bezeichnet man sie gemeinhin als homosexuell. Männer, die Männer lieben, können sich schwul, Frauen, die Frauen lieben, als lesbisch bezeichnen – in Anlehnung an den Namen der griechischen Insel Lesbos, wo im 7. Jahrhundert v. Chr. die Dichterin Sappho lebte, die ihren Schülerinnen leidenschaftlich romantische Gedichte schrieb. Menschen, die sich von beiden Geschlechtern angezogen fühlen, können sich als bisexuell bezeichnen, wobei in dieser Seminararbeit auf Bisexualität nur am Rande eingegangen wird. Wichtig zu wissen ist, dass ein Mensch erst dann homosexuell, also lesbisch oder schwul genannt werden kann und darf, wenn er sich selbst so bezeichnen will. Es ist nicht die Aufgabe der Gesellschaft, irgendein Individuum, das einen solchen Gefühlsreichtum im Inneren hat, mit einem Begriff zu belegen und so zu kanonisieren. Denn die Problematik ist folgende: Ab wann ist man homosexuell? Wo liegt die Grenze? Ist ein Mensch homosexuell, nur weil er mit Partnern des eigenen Geschlechts schläft? Wie soll man sich definieren? Und wann? Muss man sich überhaupt definieren? Wer zwingt eigentlich dazu? Es gibt nun einmal keine Möglichkeit, einen Test zu machen, der einem diese Fragen eindeutig beantworten könnte. Die geschlechtliche Orientierung lässt sich nicht so einfach klären wie die Frage, ob man schwanger ist. Es ist die Aufgabe eines jedes Menschen, die eigene sexuelle Orientierung zu entdecken und anzunehmen. Bei der Auseinandersetzung mit der eigenen sexuellen Identität stößt man auf eine Grauzone, in der Schwarz-Weiß-Malerei nicht mehr nur unangebracht ist, sondern sich durchaus gefährlich und destruktiv auf die Psyche eines Menschen auswirken kann. Genau dieses Sichauseinandersetzen mit Grauzonen, die Akzeptanz ihrer Existenz und das bewusste Leben mit dem Wissen um sie, gehören letztlich zum Schritt des Erwachsenwerdens und zu der Kunst, ein positives Selbstbild zu entwickeln. Dies ist ein Aspekt, der an mehreren Stellen der Arbeit Beachtung finden wird, sei es in den Kapiteln zum Sichbekennen[1], oder aus anderer Perspektive auch in dem zur Homophobie. Es kann also gesagt werden, dass diese Seminararbeit den Homosexuellen selbst behandelt, logischerweise immer im Zusammenhang mit der Gesellschaft, in der er lebt: Zuerst wird in kurzer Form ein Überblick in Bezug auf den allgemeinen Umgang mit Homosexualität in den verschiedenen Gesellschaften und Kulturen sowie über die momentane Rechtslage in Deutschland gegeben. Danach wird die Homosexualitätsforschung thematisiert und aus der Fülle an Theorien der Geschichte werden die bedeutendsten in Form eines Abrisses herausgegriffen mit dem Ziel, allgemeine Grundlagen zu vermitteln. Anschließend geht es weiter mit der Verfolgung Homosexueller in der Geschichte, Heterosexismus und Homophobie, herrschenden sozialen Vorurteilen und deren Ursprung bis hin zu einem wichtigen Ereignis in fast jedem Leben eines Homosexuellen: Das Sichbekennen in drei Phasen, die Probleme, aber auch Chancen, die sich im Zusammenhang ergeben (können). Auch von der Schwierigkeit Frau und Lesbe zu sein wird berichtet werden. Warum Homosexualität immer um Toleranz – ganz zu schweigen von Akzeptanz – kämpfen musste und immer noch muss, warum in vielen Menschen eine Abneigung oder sogar ein Ekel gleichgeschlechtlich Liebenden gegenüber herrscht und wie eben jene versuchen, mit sich selbst und mit ihrer Umwelt umzugehen, das sind die Kernthemen dieser Seminararbeit; genauso soll die Frage, ob Homosexuelle sozial kompetenter sind als Heterosexuelle, hier einen Platz bekommen und verschiedene Denkanstöße liefern.

---

1 Das Sichbekennen wird im englischsprachigen Raum und seit einigen Jahren auch in Deutschland als »Coming-Out« bezeichnet. Hier soll der Begriff Selbstbekennung mit der folgenden Bedeutung beibehalten werden: Die sexuelle Orientierung wird nicht nur vor sich selbst bekannt, sondern auch in der Öffentlichkeit. Man »kommt heraus« mit seiner sexuellen Orientierung.

»Die These, in Sodom
und Gomorrha gehe es
um schwulen Sex,
ist etwa so zutreffend
wie die Behauptung,
die Geschichte von Jona
und dem Wal sei eine
Abhandlung über Fischerei.«

PETER GOMES,
BAPTISTENPREDIGER

3

Homosexuelle in der Gesellschaft – ein kurzer Überblick

Wie man aus Berichten über verschiedene Kulturen und Epochen weiß, wurden gleichgeschlechtliche Kontakte von jeher und überall gepflegt, wobei die Einstellungen gegenüber Homosexualität von Epoche zu Epoche und von Kultur zu Kultur sowie in den einzelnen subkulturellen Gruppen [1] unterschiedlich waren. Die Bandbreite reicht von Akzeptanz auf europäischer Ebene, im antiken Griechenland [2] wie auch im antiken Rom über gemäßigte Toleranz, bis zu jener gnadenlosen Verdammung, die in westlichen Gesellschaften noch bis vor wenigen Jahrzehnten herrschte. Im Nahen Osten gehört Homosexualität zu einem heiß diskutierten Thema.

> *»Im Koran gibt es etwa sieben Stellen, die man mit homosexuellen Akten in Verbindung bringen könnte. Über jede einzelne dieser Stellen haben muslimische Rechtsgelehrte Seiten- und Bücher füllende Kommentare geschrieben, meist bezogen auf die männliche Ausprägung des Phänomens. Und sie sind sich dennoch nicht einig geworden, wie nun Homosexuelle zu behandeln sind. Die verschiedenen Rechtsschulen haben die traditionelle Literatur zu diesem Thema unterschiedlich interpretiert. Während die Hanafiten, die in Südostasien vorherrschend sind, von körperlichen Strafen Abstand nehmen, rechtfertigen die Hanbaliten Saudi-Arabiens die Steinigung als Strafe für das ›Vergehen‹.«* [3]

Was aber ist die eigentliche Ursache dafür, dass in manchen Ländern des Nahen Ostens Homosexuelle hartnäckig verfolgt und sogar mit dem Tode bestraft werden? Es ist richtig, dass in einigen arabisch-islamischen Gesellschaften des Nahen Ostens Homosexualität traditionell weniger scharf sanktioniert wird als im Westen. Doch gerade im heutigen Iran steht noch immer die Todesstrafe auf homosexuelle Handlungen. Wo sich die Gleichberechtigung von Männern und Frauen noch nicht etabliert hat, da herrscht in vielen Fällen strikte Geschlechtertrennung und Sexualität unter Frauen bzw. Männern ergibt sich beinahe zwangsläufig und gehört teilweise zu den gesellschaftlichen Formen geschlechtlicher Beziehungen. Die Liebe unter Frauen findet generell in einer Gesellschaft, in der die Frau so gut wie unsichtbar ist, wenig bis gar keine Beachtung. (Zur doppelten Diskriminierung der lesbischen Frau, siehe Kapitel 11). Die beschriebenen Gegebenheiten veranlassen Homosexuelle aber dazu, die eigene Subjektivität auszubilden, was wiederum Anlass ist für die Schwulenverfolgung in islamischen Ländern. Sie steht dort für dieselbe Gefahr wie beispielsweise die Frauenemanzipation im Westen; dass sie nämlich die Bedingung für die Emanzipation aller sein könnte.

> *»Eine typische Haltung nehmen die Schafiiten ein, die zum Beispiel in Ägypten vorherrschend sind: Sie verlangen als Voraussetzung für körperliche Strafen, dass vier männliche, zurechnungsfähige Erwachsene den eigentlichen Akt der Penetration gesehen haben. Die Absicht hinter dieser Bestimmung ist klar: Man will zwar einen ethischen Anspruch formulieren, der aber nicht hinterfragt werden soll. Aber man will die Erbringung des legalen Beweises möglichst schwierig gestalten und damit die Applikation einer allfälligen Strafe nach Möglichkeit verhindern. Viele Fuqaha‹(Rechtsgelehrte) haben ihre ganzen kasuisti-*

schen Künste dafür eingesetzt, das formelle Tabu zu retten, aber jegliche Konsequenzen im Diesseits zu verhindern.«[4]

Eine andere Sicht, nämlich der Glaube, dass sexuell abweichendes Verhalten eine Art Offenbarung der besonderen Natur eines Menschen darstellt, findet sich bei einigen indianischen Religionen in Amerika, die Homosexualität als festen Bestandteil der Gesellschaft integrieren.

> *»Bis zur Berührung mit der abendländischen Zivilisation gehörten auch die Inselbewohner Polynesiens zu den sexuell freiesten Menschen der Welt. Während verschiedene polynesische Kulturen unterschiedliche religiöse Lebensanschauungen und soziale Bräuche entwickelten, betrachtete keine jemals die Sexualität als schlecht, beschämend oder schmutzig. Im Gegenteil, ihre Götter, Göttinnen und Priester selbst waren Muster sexueller Kraft. Angesichts der allgemein toleranten Einstellung der Polynesier in sexuellen Fragen überrascht es nicht, dass auch homosexuelle Handlungen bei ihnen ganz offen ausgeübt werden konnten und als natürlich angesehen wurden. Unter diesen Umständen ist es wohl fraglich, ob die Bezeichnung ›sexuell abweichendes Verhalten‹ im Hinblick auf die Polynesier überhaupt einen Sinn ergibt. Es gab natürlich gewisse sexuelle Tabus. (Das Wort ›Tabu‹ selbst ist polynesischen Ursprungs.) Sie hatten indes eher mit gesellschaftlichen Schranken und Fragen des Ranges zu tun als mit der sexuellen Handlung selbst.«*[5]

Man kann daher zusammenfassend sagen, dass die alten polynesischen Kulturen wohl der beste Beweis dafür sind, dass eine realistische, positive und humane Einstellung zur Sexualität möglich ist und sozial produktiv sein kann. Heutzutage sind in den meisten europäischen Ländern wie z.B. in Großbritannien, in den Niederlanden und hier in Deutschland, homosexuelle Beziehungen zwar legal, wenn beide Partner mit der Beziehung einverstanden sind. Allerdings gehört Homosexualität nicht zur »Tagesordnung« und ist – trotz eingetragener Lebenspartnerschaften, die inzwischen vielerorts genehmigt werden – noch weit davon entfernt, als alltäglich betrachtet zu werden. Wer offen zu seiner Homosexualität stehen will, hat einen langen Kampf vor sich, sowohl mit sich selbst als auch mit einer fast immer diskriminierenden Gesellschaft.

---

1 Eine Gesellschaft bildet ein soziales System, in dem Individuen leben, die sich durch bestimmte Kategorien, sog. subkulturelle Merkmale, wie regionale und ethnische Besonderheiten, Sprache, Religion, Geschlecht, sexuelle Orientierung, Generation, soziale Klasse, Bildungsniveau etc. ähneln oder unterscheiden. Def.: www.tu-dresden.de/sulcifra/quebec/publ6.pdf; 24.04.06

2 Dass der Name Sappho überliefert worden ist, zeugt von ihren literarischen Leistungen und gleichzeitig zeigt verbindet sich mit dem Namen und der Biographie Sapphos ein für die nachfolgende Zeit einzigartiger respektvoller Umgang mit Frauenliebe. Homosexuellen Frauen späterer Generationen waren Sappho bzw. die Insel Lesbos Ideal und Namensgeberin.

3 www.queeramnesty.ch/islam_ourmunich_2002_12.pdf 19.05.06

4 a.a.O.

5 Haeberle, E.J.1985: Die Sexualität des Menschen, 125

4

Die rechtliche Situation gleichgeschlechtlicher Paare in Deutschland

Das Lebenspartnerschaftsgesetz (LPartG) ist das Gesetz über die eingetragene Lebenspartnerschaft von homosexuellen Paaren und ermöglicht diesen zum ersten Mal in der Bundesrepublik Deutschland die Begründung einer Partnerschaft vor dem Gesetz in Form eines rechtlichen Rahmens. Dieses Gesetz wurde im November 2000 durch den Bundestag mit den Stimmen von SPD und Bündnis90/Die Grünen gegen die Stimmen von der CDU/CSU-Fraktion, FDP und PDS beschlossen. Dennoch entspricht diese Lebenspartnerschaft nicht der Form einer Ehe, die unter homosexuellen Paaren z.B. in den Niederlanden, in Belgien, Spanien und Kanada bereits möglich ist.

Die wichtigsten Regelungen im Einzelnen:

- *»Lebenspartner leben – wie Ehegatten – im Güterstand der Zugewinngemeinschaft, wenn sie nichts anderes vereinbaren.*
- *Zudem wurde ein Verlöbnis eingeführt. Lebenspartner können sich nunmehr wie Ehegatten mit Rechtswirkung verloben.*
- *Außerdem regelt das Gesetz, dass Homosexuelle das leibliche Kind ihres Lebenspartners adoptieren können (Stiefkindadoption).*

- *Es gelten die allgemeinen Regelungen des Adoptionsrechts, wonach der andere leibliche Elternteil der Adoption des Kindes durch den Lebenspartner zustimmen muss. Die zuständigen staatlichen Stellen müssen darüber hinaus in jedem Einzelfall prüfen, ob die Stiefkindadoption dem Kindeswohl entspricht.*

- *Im Unterhaltsrecht nach der Trennung erfolgt weitgehende Gleichbehandlung.*

- *Die Regelungen der Hinterbliebenenversorgung in der gesetzlichen Rentenversicherung erstrecken sich nunmehr auch auf Lebenspartner.*

- *Mietrecht, d.h. der überlebende Lebenspartner darf in der Mietwohnung wohnen bleiben.*

- *Gesetzliches Erbrecht wie Ehegatten mit der Folge, dass sich die Pflichtteilsansprüche überlebender Eltern entsprechend verringern.*

- *Die Lebenspartner haben Angehörigenstatus und damit auch umfassende Zeugnisverweigerungs- und Auskunftsrechte.*

- *Ausländerrecht: Nachzugsrecht für den ausländischen Lebenspartner einschließlich Arbeitsgenehmigung.«* [1]

1 http://typo3.lsvd.de/230.0.html 19.05.06; www.wikipedia.de 19.05.06

5
Geschichte der frühen Homosexualitätsforschung

In diesem Kapitel wird die Geschichte der frühen Homosexualitätsforschung intensiver vorgestellt als im folgenden Kapitel die neuere Forschung, denn genau an den frühen Forschungsmethoden und Theorien wird besonders deutlich, welche Vorstellungen die Menschen in der damaligen Zeit mit gleichgeschlechtlicher Liebe verbanden und vor allem, wie sich diese Sicht auf die Dinge in manchen Bereichen in der Gegenwart – gerade wenn es um Vorurteile geht – immer noch hartnäckig hält. Man kann also sagen, dass in der Vergangenheit wesentliche Grundsteine dafür gelegt wurden, wie die Homosexualität im Laufe der Zeit wahrgenommen wurde. Mit unserer heutigen Sicht der Homosexualität und allem, was damit in die Verbindung gebracht wird, bestehen gegenüber der Vergangenheit drei Unterschiede: Die Begriffe Homosexualität, Bisexualität und Heterosexualität sind Begriffe, die erst ab der Mitte des 19. Jahrhunderts im Wortgebrauch erschienen. Wie letztlich damit umgegangen wurde, hing von den gesellschaftlichen Bedingungen ab: Falls gleichgeschlechtliches Verhalten im Mittelalter überhaupt zur Sprache gebracht wurde, so wurde es als Sünde dargestellt, die es auszumerzen galt. Die gängigere Verfahrensweise war allerdings, es nicht zu thematisieren und so den Eindruck zu erwecken, es existiere nicht. Oder aber es war in die gesellschaftliche und kulturelle Struktur eingebunden. Des Weiteren muss angemerkt werden, dass es – man braucht in der Vergangenheit nicht weit zurückzugehen – die Selbstdefinition schwul oder lesbisch de facto gar nicht gab. Diese Begrifflichkeiten nahmen ihren Anfang erst mit der modernen Homosexuellenbewegung. Gleichgeschlechtliche Partnerschaften und Lebensweisen, die man heute mit jenen Begriffen belegen würde, sind nicht mit Verhaltensweisen aus anderen Epochen zu vergleichen. Einige der damals entwickelten Konzepte aus der Sexualforschung zeigen, dass manches bis in die Gegenwart nachwirkt und sich in etlichen modernen Theoriebildungen und Argumentationen implizit wieder findet. Im vorliegenden historischen Abriss sollen die wichtigsten genannt und ihre Überlegungen diskutiert werden. Als eine der ersten Publikationen in der Neuzeit ist das 1836 erschienene zweibändige Werk *Eros: Die Männerliebe der Griechen – ihre Beziehung zur Geschichte, Erziehung, Literatur und Gesetzgebung aller Zeiten* des Schweizers Heinrich Hössli zu nennen. Udo Rauchfleisch gewährt in Gleich und doch anders einen Einblick in die Entwicklung der Sexualforschung jener Zeit:

> *»Der zentrale Gedanke mit dem Hössli vehement dafür eintrat, dass gleichgeschlechtlich Liebende nicht verfolgt und unterdrückt werden dürften, bestand in der Annahme einer ›Seelenwanderung dergestalt, dass weibliche Seelen in männlichen Körpern mit Weibern, männliche Seelen in weiblichen Körpern mit Männern sich abstoßen, als gleichnamige Pole‹. Diese Menschen seien anders als die anderen und könnten aufgrund ihrer besonderen Veranlagung nur so lieben, wie sie es tun.* [1]

Wie Rauchfleisch meint, haben sich Hösslis Annahmen nicht verbreiten können, im Gegensatz dazu hätten Thesen von K. H. Ulrichs in einer Publikation von 1864 *»dass einer Klasse von männlich gebauten Individuen Geschlechtsliebe zu Männern geschlechtlich angeboren ist«* [2] großes Aufsehen erregt und *»dass ein gleichgeschlechtlich liebender Mann kein ›wahrer Mann‹ sein* *könne, da er vom Körperbau her ein Mann, von seinem Liebestrieb her jedoch ein weibliches Wesen sei. Dieser ›Halbmann‹ sei ein Vertreter des ›dritten Geschlechts‹«*[3] Bei Rauchfleisch ist zu lesen, dass Ulrichs den »Halbmann« mit »Urning« bezeichnet und sich dabei auf Platons Symposium bezieht, wo die mutterlose Tochter des Ikarus als »uranische Aphrodite« benannt wird. Gegengeschlechtlich Liebende nennt Ulrichs »Dioninge«, abgeleitet von der »dionischen Aphrodite«, der Tochter von Zeus und Dione. Weiterhin schreibt Rauchfleisch:

> *»Aus dieser Einteilung, die Ulrichs für Frauen und Männer formulierte, entwickelte er im Verlauf der Zeit ein komplexes Schema, das mit diversen Zwischenstufen schließlich zehn Geschlechter (wir würden heute von sexuellen Orientierungen sprechen) umfasste. Ulrichs vertrat seine Theorie in insgesamt ca. einem Dutzend Broschüren und trat 1867 sogar an einem deutschen Juristenkongress auf, um die Straflosigkeit der Männerliebe zu fordern. Dort wurde er allerdings niedergeschrieen und musste das Podium unverrichteter Dinge verlassen.«*[4]

Wie weiter zu lesen ist, wurde der Begriff *»homosexuell«* erstmals 1869 von dem österreichisch-ungarischen Schriftsteller Karoly Marie Kertheny benutzt. Wie oben schon angedeutet, rühren viele der heutigen Missverständnisse und Vorurteile gegenüber Homosexualität von der Tatsache her, dass diese Neigung im 19. Jahrhundert als Krankheit betrachtet wurde: Richard von Krafft-Ebing veröffentlichte im Jahre 1886 die Schrift *Psychopathia Sexualis.* Darin findet sich diese die Homosexualität pathologisierende[5] Einstellung. Der homosexuelle Mensch leide unter einer *»funktionalen Degeneration.«*[6] Homosexuelles Verhalten sei ein dem Menschen zeit seines Lebens anhaftendes Merkmal. *»Deren Ursache lag für ihn, dem damaligen ›Psychopathi Konzept‹ entsprechend, in* *einer Störung des Zentralnervensystems.«*[7] Krafft-Ebing unterschied jedoch zwischen männlicher und weiblicher Homosexualität. Erstere sei entweder angeboren oder erworben, weibliche hingegen stets erworben. Das Problem sei eine gestörte Geschlechtsidentität bei allen gleichgeschlechtlich Empfindenden: *»Das weibliebende Weib besitzt eine männliche Gesinnung, schätzt männliche Haartracht und Kleidung, neigt zu männlichen Beschäftigungen so wie der männliche Urning sich nur für weibliche Beschäftigungen usf. interessiert.«*[8]

Magnus Hirschfeld, ein Berliner Arzt, der 1896 wirkte, lehnte sich zwar an die Auffassungen Ulrichs an, jedoch vermied er dessen verwirrende Gruppierungen und präsentierte zwei Skalen: Die erste Skala misst die Triebstärke auf zehn Stufen, von 1, was einen Mangel darstellt, bis 10, welches ein sehr starkes Bedürfnis markiert. Die zweite Skala misst die Anteile der Triebrichtung auf das andere oder eigene Geschlecht mit ebenfalls zehn Stufen. Hirschfeld vertrat eine die Homosexualität emphathologisierende Haltung. Wichtig war ihm das weite Feld zwischen der eindeutig bestimmbaren Geschlechtsidentität, das heißt, er machte darauf aufmerksam, dass es im Bezug auf Körper und Geist viele Abstufungen gibt, die allesamt nicht Krankheit sondern natürliche Variationen darstellen. Letztlich blieb aber auch Hirschfeld der Gliederung in das Begriffspaar männlich-weiblich und ihren verschiedenen Mischungsverhältnissen verhaftet. Wie Ulrichs konnte er sich nicht von der Vorstellung vom Männlichen in der Frauen liebenden Frau und vom Weiblichen im Mann liebenden Mann trennen.

> *»Benedikt Friedländer (1908), einer seiner Zeitgenossen, vertrat demgegenüber die durchaus überraschende Ansicht, Hetero- wie Homosexuelle seien in Anbetracht ihrer einseitigen Sexualempfindungen ›Kümmerlinge‹, während die Bisexuellen mit ihrem*

auf beide Geschlechter gerichteten Begehren eigentlich die ›wahren‹ Frauen und Männer seien (...).« [9]

»Über eine ganz andere Sichtweise der Dinge, anlehnend an die Pathologisierung Krafft-Ebings, verfügten indes August Forel (1906) und Emil Kraepelin (1915): Sie verstehen Homosexualität als krankhaft und die gleichgeschlechtlich empfindenden Menschen als auch sonst mehr oder minder tiefe Psychopathen, deren Sexualtrieb nicht nur abnorm, sondern in der Regel gesteigert ist. Im Kapitel über die ›geschlechtlichen Verirrungen‹ beschreibt Kraeplin als ›Begleiterscheinung der homosexuellen Veranlagung (...) allerlei nervöse Störungen, wie sie einem bei Psychopathen geläufig sind, z.B. Kopfschmerzen, Schwindelanfälle, Zittern, Ohnmachten sowie Persönlichkeiten von außerordentlicher Willensschwäche und schwachsinnige Schwindler.« [10]

Eine Reihe von Psychoanalytikern war und ist also auch heutzutage noch immer der Meinung, eine lesbische, schwule oder bisexuelle Orientierung sei Ausdruck einer Entwicklungsstörung. Lesbierinnen wird von vorneherein ein abnormes, perverses Verhalten unterstellt, das zurückzuführen ist auf eine tiefe Störung in den Objektbeziehungen und auf eine missglückte Mutter-Kind-Beziehung. Nicht zu vergessen sind Penisneid und Kastrationsängste, die auf diese Art abgewehrt werden sollen. Ungeachtet der verschiedenen Ausdrucksformen lesbischer Beziehungen wird ausdrücklich auf die angeblich männliche Identifizierung der später lesbischen Frau und ihren tödlichen Hass auf die Mutter hingewiesen. Es kann noch ein weiteres Beispiel genannt werden, das die bizarre Sicht auf Homosexuelle unterstützt: Im Bericht über das Panel der *American Psychoanalytic Association* 1953 zum Thema ›Perversion‹ – womit Homosexualität gemeint war – werden gleichgeschlechtlich

Empfindende als infantile, narzisstische und liebesunfähige Charaktere mit Defekten in ihrer Gewissensinstanz beschrieben. Dadurch, dass Homosexualität mit einem derart schlechten Image zu kämpfen hatte, wurden auch Gutachten von Patienten in psychiatrischen Kliniken oft durch die homophoben Gesinnungen beeinflusst. (Zur Homophobie siehe Kapitel 8.1.)

> *»Mit Hilfe von Beratungen und Behandlungen homosexuell empfindender Menschen sollte das Ziel erreicht werden, dem Kranken einen Weg zur reifen Heterosexualität zu eröffnen. Alle Erfahrungen sprechen jedoch gegen die Möglichkeit einer solchen Veränderung, es sei denn um den Preis einer mit viel persönlichem Leid erkauften vordergründigen Anpassung an einen heterosexuellen Lebensstil (...).*[11]

Von dem die Homosexualität nicht pathologisierenden Konzept Hirschfelds ging ein großer Einfluss auf die Sexualforschung aus. Sein Ansatz, nachdem homosexuelle Menschen mit Hilfe eines Therapeuten lernen sollten, sich selbst zu akzeptieren, mutet äußerst modern an und dennoch gelang erst dem amerikanischen Biologen Alfred C. Kinsey der eigentliche Durchbruch, indem er die fließenden Übergänge zwischen den verschiedenen Orientierungen, bei denen Hetero-, Homo- und Bisexualität nur drei Kristallationspunkte auf einem breiten Spektrum darstellen, nachwies. Viele sahen in dieser Äußerung den provokativen Charakter, nicht nur damals, auch noch heute. Zudem vermutete Kinsey am Ursprung der Entwicklung sexueller Orientierungen soziale Einflüsse und lehnte auf Grund seiner Erhebungen auch die Unterscheidung erworbenen, latenten und angeborenen Typen ab. Ferner verwies er darauf, dass es nur eine graduelle Entwicklung zu ausschließlich homosexuellem oder ausschließlich heterosexuellem Verhalten sei und stellte die Behauptung auf, ein Individuum könne zur gleichen

Zeit heterosexuelle wie homosexuelle Aktivitäten und Empfindungen verspüren, da Menschen im Prinzip generell über beide Fähigkeiten der Empfindungen verfügten. Seine Befunde aus über 11 000 Interviews fasste Kinsey in seinem berühmten Report über das sexuelle Verhalten von Männern (1948) und Frauen (1953) zusammen. Dort stellte er seine später berühmt gewordene siebenstufige Skala des sexuellen Verhaltens, von ausschließlich heterosexuell (Stufe 0) über hetero- und homosexuelles Verhalten zu gleichen Teilen (Stufe 3), bis ausschließlich homosexuelles Verhalten (Stufe 6), dar. Es kann durchaus gesagt werden, dass es Kinseys Verdienst war, dass geschlechtliche Orientierung nicht mehr als starre Wesensmerkmale betrachtet wurden, sondern als wandelbare Verhaltensmuster.

1 Rauchfleisch, Udo 2002: Gleich und doch anders,15ff
2 a.a.O.
3 a.a.O.
4 a.a.O.
5 Pathologie = Wissenschaft von den Krankheiten, besonders von ihrer Entstehung und den durch sie hervorgerufenen organisch-anatomischen Veränderungen; Def.: www.duden.de; 17.05.2006
6 a.a.O.,17
7 a.a.O.,17
8 a.a.O., 17f
9 a.a.O., 17f
10 a.a.O., 18
11 a.a.O., 23f

»Seltsam sind einzig die Menschen,
die niemanden lieben.«
RITA MAE BROWN, SCHRIFTSTELLERIN

6 Die neuere soziologische Forschung

Wie man dem vorherigen Abschnitt entnehmen kann, galt Homosexualität lange als psychische Krankheit, als neurotische Verwirrung der Persönlichkeit, durch Umerziehung therapierbar. Selbst Amnesty International ergänzte erst 1991 – nach jahrelangem Kampf der Lesben- und Schwulenorganisationen weltweit – ihren Katalog der Menschenrechte durch das »Recht auf Ausdruck der sexuellen Orientierung«. Die seither langsam aber sicher wachsende gesellschaftliche Toleranz gegenüber Lesben, Schwulen und Bisexuellen kann im europäischen, aber auch im außereuropäischen Ausland festgestellt werden. Die internationale Entwicklung hat unter anderem in der erst 1993 (!!) erfolgten definitiven Streichung der Homosexualität im Krankheitsregister der Weltgesundheitsorganisation (WHO) ihren Ausdruck gefunden. Als Folge dieser neuen Haltung wurde die Homosexualität, wie oben schon mehrmals angesprochen, in vielen Ländern per Gesetz legalisiert bzw. die gleichgeschlechtlichen Paarbeziehungen gesetzlich geregelt. Nach wie vor stellt man sich die Frage, wie und durch was die sexuelle Neigung eines Menschen zustande kommt. Bislang sind die Ursachen für Homosexualität jedoch unbekannt; es konnten einzig und allein Theorien und Vermutungen aufgestellt werden.

Der wissenschaftliche Streit über jene Ursachen ist ein uraltes Phänomen. So lange homosexuelle Verhalten strafbar war, waren zwei verschiedene Argumentationen geläufig: Entweder wurde versucht, die Unausweichlichkeit homosexuellen Verhaltens zu belegen – damit begründete sich die Forderung nach dessen Straflosigkeit

– oder aber man ging dazu über, sie als Erscheinung moralischen Verfalls zu kennzeichnen, dem mit Bestrafung entgegengewirkt werden müsse. Die Forschung nach Ursachen der Homosexualität wird jedoch in der Schwulen- und Lesbenbewegung oft kritisch gesehen. Die Befürchtung, die Erforschung der Ursache könne nur einem Zweck dienen, nämlich diese abzuschalten, ist allgegenwärtig. Als schwul beziehungsweise lesbisch vermutete Föten könnten abgetrieben werden bzw. könnten sie zum Opfer gentechnischer Verfahren werden. An letztem würde der medizinische Fortschritt zwar deutlich abgelesen werden können, der gesellschaftliche bliebe jedoch auf der Strecke. Hinzu kommt, dass eine objektive Ursachen-Forschung auch die Untersuchung der Ursache von Heterosexualität einschließen müsste. Außerdem wird oder wurde oft nur nach der Bestätigung von Vorurteilen, das heißt z.B. einer biologischen Verweiblichung homosexueller Männer oder einer Vermännlichung homosexueller Frauen gesucht. So scheint manche Untersuchung gezielt nach dem Motto ›Was ist hier wohl falsch gelaufen?‹ vorzugehen und bei der Interpretation von Ergebnissen in Klischeevorstellungen passende Begriffe bei homosexuellen Menschen herauszuheben und bei heterosexuellen Menschen zu ignorieren. Hier eine der aktuelleren Untersuchungen zur Homosexualität, die u. a. das PM-Magazin veröffentlicht hat:

> *»Im Jahre 1993 schien es, als wäre der endgültige Beweis für die Bedeutung von Genen für die Entwicklung des Sexualverhaltens gefunden. Der amerikanische Wissenschaftler Dean Hamer behauptete, einen Bereich auf dem X-Chromosom identifiziert zu haben, der eindeutig mit männlicher Homosexualität korreliere. Aus diesem Befund formulierte das Wochenjournal »Spiegel« in Deutschland seine griffige Schlagzeile: »Gen für Homosexualität entdeckt«. Dass Hamer allerdings keineswegs von*

einem »Schwulen-Gen« gesprochen hatte, sondern nur von einem genetischen Marker auf dem X-Chromosom, der bei einem bestimmten Typ von Homosexualität etwas wahrscheinlicher vorkommt als bei anderen, ging in der allgemeinen Aufregung weitgehend unter. Auch das Statement Hamers, das kurze Zeit später erfolgte, nämlich dass Homosexualität auf keinem Fall allein biologische Wurzeln habe, blieb fast unerwähnt. Noch weiter relativiert wurde die Existenz des Schwulen-Gens durch eine 1999 durchgeführte Untersuchung an 46 eineiigen Zwillingsbrüderpaaren. Die Ergebnisse zeigten keinerlei Verknüpfung zwischen männlicher Homosexualität und den Genorten am X-Chromosom, für die Hamer eine eindeutige Korrelation gefunden haben wollte. Insgesamt zeigt die wissenschaftliche Forschung über die genetischen Ursachen von Homosexualität, wie auch alle anderen Studien, die bestimmte menschliche Eigenschaften und Verhaltensdispositionen, wie etwa Aggressionsverhalten, Intelligenz oder auch die Neigung von Menschen zu Alkohol oder Drogenmissbrauch auf eine genetische Basis hin untersuchten, dass sie in keinem Fall auf das alleinige Wirkung der Erbanlagen zurück geführt werden können.« [1]

Die Humanwissenschaften haben mittlerweile erkannt, dass die Sexualität des Menschen grundsätzlich vielseitig und vielschichtig ist. Es ergibt sich zudem die Einsicht, dass die gleichgeschlechtlichen Orientierungen selbst nichts mit psychischer Gesundheit oder Krankheit zu tun haben, sondern wie die heterosexuellen Ausrichtungen das ganze Spektrum von Gesundheit bis Krankheit in sich haben. Es gibt weder *die* Heterosexualität, die Homosexualität noch *die* Bisexualität, sondern ein breites Spektrum verschiedenartiger Entwicklungen, wobei es auch möglich sein kann, dass ein Mensch im Laufe seines Lebens immer wieder verschiedene Wege im Bezug auf seine sexuelle Orientierung einschlägt. So schreibt auch Rauchfleisch:

> *»Das, was man vereinfachend ›Homosexualität‹, ›Heterosexualität‹ oder ›Bisexualität‹ nennt, sind dynamische Funktionskomplexe, die auf der Kern-Geschlechtsidentität aufbauen und durch verschiedene weitere Dimensionen wie Geschlechtsrolle, Geschlechtspartner-Orientierung, erotische und sexuelle Phantasien, spezifische homo- oder heterosexuelle Lebensstile und durch die Selbstdefinition geprägt werden.«*[2]

Zusammenfassend kann somit festgestellt werden, dass alle Versuche, Homosexualität und Bisexualität alleine auf die menschlichen Genen zurückzuführen, bislang gescheitert sind und dass das menschliche Verhalten eher aus einer Interaktion von Genen und Umwelt resultiert.

---

1 www.pm-magazin.de; 14.07.08

2 Rauchfleisch, Udo: Gleich und doch anders, 36

7

Die Verfolgung Homosexueller in der Geschichte

In Anbetracht der Tatsache, dass Homosexualität in der früheren Forschung lange Zeit als Krankheit und Widernatürlichkeit betrachtet wurde, verwundert es nicht, dass gleichgeschlechtlich Empfindende in der Geschichte mit Verfolgungen und Diskriminierungen zu rechnen hatten. Vor allem in unserem Kulturkreis – von der christlichen Religion geprägt – wurden weibliche und männliche Homosexuelle lange Zeit strafrechtlich verfolgt. Der Apostel Paulus verurteilte Sexualität im Allgemeinen und Homosexualität im Besonderen moralisch. Man kann also sagen, dass sich die Grundlage des Paragraphen 175 bereits im 3. Buch Mose des Alten Testaments finden lässt. Dort heißt es in Vers 20.13: *»Und wenn ein Mann bei einem Mann liegt, wie man bei einer Frau liegt, dann haben beide einen Gräuel verübt. Sie müssen getötet werden, ihr Blut ist auf ihnen.«* Als schlichtweg gotteswidrig wurde Homosexualität im Mittelalter charakterisiert, da sie nicht der Reproduktion von Leben diente. Auch die Angst vor Ansteckung mit dieser »Krankheit« spielte eine nicht zu unterschätzende Rolle. Der Analverkehr zwischen Männern wurde von einer zwar sündigen, aber meist völlig legitimen Handlung zu einem Verbrechen, das fast überall in Europa mit der Todesstrafe belegt wurde. 1532 schuf Karl V. mit der *Constitutio Criminalis* Carolina für diese Rechtspraxis eine gesetzliche Grundlage. Diese behielt im Heiligen Römischen Reich deutscher Nation bis zum Ende des 18. Jahrhunderts Gültigkeit.

Erst im Zuge der Französischen Revolution konnten sich Homosexuelle eine Zeitlang relativ sicher fühlen.

> *»So stellte der französische Code Civil von 1804 nur noch Handlungen unter Strafe, die in die Rechte eines Dritten eingriffen, was zur vollständigen Legalisierung einvernehmlicher Sexualhandlungen zwischen Männern führte. Auch Bayern orientierte sich am französischen Vorbild und ließ in seinem Gesetzbuch von 1813 alle opferlosen Straftaten ersatzlos fallen. Am 1. Januar 1872 wurde aus dem exakt ein Jahr zuvor in Kraft getretenen Strafgesetzbuch des Norddeutschen Bundes das Strafgesetzbuch des Deutschen Reiches. Damit war der Beischlaf zwischen Männern auch in Bayern wieder strafbar. Die Mindeststrafe wurde gegenüber Paragraph 143 des Allgemeinen Preußischen Landrechts von sechs Wochen auf einen Tag reduziert, die Höchststrafe bei sechs Monaten belassen. Der Verlust der bürgerlichen Ehrenrechte konnte u. a. in der Aberkennung des Doktortitels oder im Entzug des aktiven und passiven Wahlrechts bestehen.«* [1]

Einzelne Gegner des preußischen Paragraphen 143 fanden sich schon in den 1860er Jahren: Karl Heinrich Ulrichs und Karl Maria Kertbeny erhoben erfolglos ihre Stimme gegen die offensichtliche Benachteiligung Homosexueller. Mit dem 1897 gegründeten wissenschaftlich-humanitären Komitee (WhK) formierte sich nun im Kaiserreich eine Honoratioren[2]-Bewegung, die mit der These von der angeborenen Natur der Homosexuellen gegen den Paragraphen 175 vorzugehen versuchte. Eine auf dieser Argumentation aufbauende Petition des Arztes und WhK-Vorsitzenden Magnus Hirschfeld zur Streichung des Paragraphen 175 schaffte es 1897, 6.000 Unterschriften hinter sich zu versammeln. Dennoch blieb der gewünschte Erfolg aus. Die Lage schien sich stattdessen sogar noch zu verschlechtern: Rund zehn Jahre später plante die Regierung, den Paragraphen 175 auch auf Frauen auszuweiten. Der Entwurf sollte nach den Berechnungen von Experten frühestens 1917 zur Abstimmung in den Reichstag gelangen. Dank des Ersten Weltkrieges und des Untergangs des deutschen Kaiserreichs wurde jener aber zunichte gemacht. Die linken Parteien strebten die Abschaffung des Paragraphen 175 sowohl in der Weimarer Republik als auch im Kaiserreich an, ein Vorhaben, das an den fehlenden Mehrheitsverhältnissen scheiterte. Trotzdem konnten Homosexuelle sehr frei leben, was der erstarkenden Homosexuellenbewegung zu verdanken war. Die Pläne einer Mitte-Rechts-Regierung im Jahre 1925 zur Verschärfung des Paragraphen 175 waren dagegen vielversprechender. Im vorgelegten Reformentwurf sollte zusätzlich der Paragraph 297 geschaffen werden. So genannte qualifizierte Fälle wie Sex mit männlichen Jugendlichen unter 21 Jahren, homosexuelle Prostitution sowie Missbrauch von Männern in einem Dienst- und Arbeitsverhältnis wurden darin als schwere Unzucht erachtet und damit als Verbrechen statt als bloßes Vergehen eingestuft. Auch gegenseitige Masturbation wurde nach dem Paragraphen 297 als gesetzeswidrig beurteilt. Im Jahr 1935 verschärften die Nationalsozialisten den Paragraphen 175, indem sie die Höchststrafe im Zuge einer Umdefinition vom Vergehen zum Verbrechen von sechs Monaten auf fünf Jahre Gefängnis heraufsetzten. Durch Streichung des Adjektivs widernatürlich wurde die traditionsreiche Beschränkung auf beischlafähnliche Handlungen aufgehoben. Nicht einmal eine gegenseitige Berührung war mehr erforderlich, um den Straftatbestand nun zu erfüllen: Es reichte aus, objektiv gesehen, das allgemeine Schamgefühl zu verletzen. Zudem musste subjektiv die wollüstige Absicht vorhanden sein, die Sinneslust eines der beiden Männer oder eines Dritten zu erregen. Darüber hinaus wurde – ähnlich wie bereits 1925 geplant – ein neuer Paragraph 175a geschaffen, der so genannte qualifizierte Fälle als schwere Unzucht mit Zuchthaus zwischen einem und zehn Jahren bestrafte. Hierzu zählten:

- die Ausnutzung eines Abhängigkeitsverhältnisses,
- homosexuelle Handlungen mit Männern unter 21 Jahren und
- die männliche Prostitution.

> *»In der amtlichen Begründung wurde die Novellierung des Paragraphen 175 mit dem Interesse an ›der sittlichen Gesunderhaltung des Volkes‹ gerechtfertigt, denn ›erfahrungsgemäß‹ habe Homosexualität die ›Neigung zu seuchenartiger Ausbreitung‹ und übe ›einen verderblichen Einfluß‹ auf die ›betroffenen Kreise‹ aus.«* [3]

Wenn man unter Umständen in den antichristlichen Zielen der Nationalsozialisten einen Umschwung zu größerer sexueller Freiheit und Selbstbestimmung gesehen hatte, war die Enttäuschung bei der Verschärfung des Paragraphen 175 herb.

> *»Diese zog eine Verzehnfachung der Zahl der Verurteilungen auf jährlich 8.000 nach sich. Allein zwischen 1937 und 1939 wurden fast 100.000 Männer in der geheimen Reichszentrale zur Bekämpfung der Homosexualität und der Abtreibung erfasst. Etwa die Hälfte der tatsächlich ausgelösten Verfahren resultierte dabei aus privaten Anzeigen Nichtbeteiligter (ca. 40 Prozent) sowie aus Anzeigen von Betrieben und Behörden (ca. 10 Prozent). So bekam zum Beispiel die Gestapo 1938 folgenden anonymen Brief: Fernschreiben der Gestapo mit Anordnung der Schutzhaft gegen einen ›unverbesserlichen Homosexuellen‹: ›Wir – ein großer Teil des Künstlerblockes am Barnayweg – bitten dringend, den als Untermieter bei Frau F. […] wohnenden B.*

zu beobachten, der in auffallender Weise täglich jugendliche Burschen bei sich hat. So geht das nicht weiter. […] Wir bitten herzlichst, die Sache weiter zur Beobachtung zu geben.‹«[4]

Die Gestapo konnte im Unterschied zur Kriminalpolizei jederzeit Schutzhaft gegen schwule Männer anordnen. Die Kriminalpolizei verfügte indes über das Mittel der Vorbeugehaft. Ein Runderlass des Reichssicherheitshauptamts vom 12. Juli 1940 bestimmte pauschal, alle Homosexuellen, die mehr als einen Partner verführt haben, nach ihrer Entlassung aus dem Gefängnis in polizeiliche Vorbeugungshaft zu nehmen. Mit dem rosa Winkel gekennzeichnet stand man, aufgrund eines Vorbeugungs- oder Schutzhaftbefehls in ein Konzentrationslager eingewiesen, ganz unten in der Hierarchie der Häftlinge. Oft wurde man ob des Sonderstatus von den anderen isoliert untergebracht und aufs Heftigste von der SS erniedrigt. Dazu gehörte auch, dass sie für viele medizinische Versuche herhalten mussten, die nicht selten einen tödlichen Ausgang hatten. Das Perverse ist, dass viele dieser homosexuellen Häftlinge oft nur überleben konnten, indem sie Häftlingen oder Mitgliedern der SS sexuelle Dienste leisteten. Nur ca. 40 Prozent jener etwa 10.000 Männer gelang es, das Lagersystem zu überleben – der rosa Winkel war fast immer ein sicheres Todesurteil. Einige der Gefangenen wurden nach ihrer Befreiung durch die Alliierten zurück an ein Gefängnis überstellt, weil sie ihre Freiheitsstrafe nach dem weiterhin gültigen Paragraphen 175 noch nicht fertig verbüßt hatten. Auf Frauen liebende Frauen war der direkte Polizeidruck wohl geringer als auf Schwule, allerdings machte ihnen der materielle Druck wohl stärker zu schaffen als ihren männlichen Leidensgenossen. Lesben wurde damals bereits eine eigenständige, von der Mutterschaft losgelöste Sexualität abgesprochen. In Österreich trat der Homosexuellenparagraph der Ersten Republik, der Männer und

Frauen einschloss, wieder in Kraft. Dieses so genannte Totalverbot der Homosexualität, also das Verbot jeder homosexuellen Handlung, auch der zwischen zwei Erwachsenen im privaten Rahmen, wurde erst im Zuge der großen Strafrechtsreform 1971 aufgehoben. In Österreich war Homosexualität also bis vor weniger als 30 Jahren kriminalisiert. Nach Kriegsende galt in beiden Teilen Deutschlands der Paragraph 175 bis 1969 weiter, wie ihn die Nationalsozialisten einst geschaffen hatten, da, so wurde argumentiert, er in ordnungsgemäßer Form zustande gekommen und nicht spezifisch nationalsozialistisch geprägtes Recht sei.
KZ-Aufenthalte Homosexueller wurden von Sozial- und Pensionsversicherungen nicht angerechnet, bei neuerlichen Verurteilungen wurden sie sogar als Vorstrafe angesehen. Die sozialliberale Koalition reformierte schließlich im November 1973 das Sexualstrafrecht:

> *»Der entsprechende Abschnitt im StGB wurde von ›Verbrechen und Vergehen wider die Sittlichkeit‹ in ›Straftaten gegen die sexuelle Selbstbestimmung‹ umbenannt. Ebenso wurde der Begriff der Unzucht durch den der ›sexuellen Handlungen‹ ersetzt.«*[5]

Als qualifizierendes Merkmal blieb im Paragraphen 175 nur noch der Sex mit Minderjährigen zurück, wobei das so genannte Schutzalter von 21 auf 18 Jahre herabgesetzt wurde. Sexuelle Kontakte zwischen Frauen fanden im Strafgesetz keine Erwähnung. In dieser Zeit griff die deutsche Schwulenbewegung den rosa Winkel erstmalig als schwules Identifikationssymbol auf und drückte so, ebenso wie mit der Neubesetzung des Wortes schwul, einen neuen, emanzipierten und selbstbewussten Umgang mit der eigenen homosexuellen Orientierung aus. Der rosa Winkel wurde mittlerweile durch die Regenbogenfahne abgelöst, die heute international als Symbol der Lesben- und Schwulenbewegung gilt. 1986 brachte der erste offen schwule Bundestagsabgeordnete Herbert Rusche mit seiner Fraktion, den Grünen, einen Gesetzentwurf im Deutschen Bundestag ein, der die Streichung der Paragraphen 175 und 182 vorsah. Sowohl die damalige Regierungskoalition aus CDU und FDP als auch die SPD lehnten diesen Gesetzentwurf ab, was zu einem Weiterbestehen des Paragraphen 175 in der Fassung von 1973 bis zum Jahre 1993 führte. Einer der prominentesten Gegner einer Verbesserung der Rechtslage für Homosexuelle war Bundeskanzler Helmut Schmidt, der mit dem deutlichen Satz *»Ich bin Kanzler der Deutschen, nicht Kanzler der Schwulen«* eine Reform des Sexualstrafrechts kategorisch ablehnte. Im Zuge der Rechtsangleichung zwischen den beiden deutschen Staaten nach 1990 musste sich der Bundestag entscheiden, ob er den Paragraphen 175 streichen oder ihn in der bestehenden Form auf die östlichen Bundesländer ausweiten wollte. Im Jahr 1994, mit Ablauf der Frist für die Rechtsangleichung, entschied man sich – auch angesichts der inzwischen eingetretenen gesellschaftlichen Veränderungen – den Paragraphen 175 aus dem Strafgesetzbuch zu streichen. Symbolisch auf den 17. Mai gelegt, beschloss der Bundestag im Jahr 2002 gegen die Stimmen von CDU/CSU und FDP eine Ergänzung des NS-Aufhebungsgesetzes. Damit wurden die Urteile gegen Homosexuelle und Wehrmachts-Deserteure in der Zeit des Nationalsozialismus für nichtig erklärt.

1 www.wikipedia.de 17.05.06
2 Honoratioren = angesehene Bürger
3 a.a.O.
4 a.a.O.
5 a.a.O.

»Man hat mir eine Medaille verliehen, weil ich einen Mann tötete, und mich ausgemustert, weil ich einen liebte.«
LEONARD MATLOVICH, US-SEARGANT

8
Wo liegt die Wurzel des Problems?

»Schwul-, Lesbisch- bzw. Bisexuellsein stellt weder ein biologisches, noch ein medizinisches noch ein psychisches, sondern ein rein soziales Problem dar: Die Gesellschaft stößt im Umgang mit gleichgeschlechtlich Empfindenden an eigene psychische Grenzen, welche sie bewusst oder unbewusst in mehr oder weniger aggressiver Form an vermeintlich Verursachenden (der Lesbe, dem Schwulen, dem Bisexuellen) abreagiert.« [1]

Nicht Schwule, Lesben und Bisexuelle können in ihrer Art, ihrem Erleben und Verhalten als gestört eingeschätzt werden, sondern es ist immer die sie umgebende Gesellschaft, welche diese Verhaltensweisen durch ihre fixen Werte und Normen als »nicht normal« oder »krank« abwertet und mit homophoben Zügen, die sich bis zur antihomosexuellen Gewalt steigern können, einen Mangel an Sozialkompetenz und Einfühlungsvermögen beweist. So sagte der deutsche Filmemacher Rosa von Praunheim bereits in den 70er Jahren: »Nicht der Homosexuelle ist pervers, sondern die Situation, in der er lebt.« Warum aber kommt es überhaupt dazu, dass ein Teil der Gesellschaft, welcher sich heterosexuell identifiziert, feindselig mit Andersfühlenden umgeht? Wie entstehen Vorurteile? Diese Fragen sollen in den nächsten zwei Kapiteln behandelt werden.

8.1 Heterosexismus und Homophobie

Heterosexismus entsteht, wenn in einem sozialen Gefüge eine starke Überhöhung heterosexueller Werte stattfindet. Diese Überhöhung kann bewusst oder unbewusst und unreflektiert geschehen und sich in psychischer sowie physischer Gewalt gegenüber Andersfühlenden manifestieren.

> *»Unter Heterosexismus versteht man somit ein gesellschaftlich institutionalisiertes Denk- und Verhaltenssystem, welches Heterosexualität anderen Formen sexueller Orientierung als überlegen klassifiziert, ja sogar jede nicht-heterosexuelle Form von Identität und Verhalten ablehnt und stigmatisiert.«*[2]

Unser Kulturkreis kennt Heterosexismus als überall präsente soziale Konstante, von der sich kaum jemand lossagen kann, der seit frühester Kindheit damit konfrontiert gewesen war.

> *»Homophobie bezeichnet sodann eine soziale, gegen Lesben, Schwule und Bisexuelle gerichtete Abneigung, welche vordergründig mit Emotionen der Abscheu und des Ärgers, tiefgründig und meist unbewusst hingegen mit Angst in Bezug auf Unsicherheiten in der eigenen sexuellen Identität einhergeht. Homophobie ist die logische Konsequenz des heterosexistischen Weltbildes.«*[3]

Unzweifelhaft kann behauptet werden, dass uns das patriarchale System unserer Gesellschaft so weit geprägt hat, dass wir heterosexistische Äußerungen und antihomosexuelle Gewalt nicht selten unreflektiert in uns aufnehmen und weitergeben. Männerbilder und Familienstrukturen werden nicht hinterfragt und man übersieht leicht, dass Heterosexismus in allen Lebensbereichen Relevanz hat: Sei es in der Schule, am Arbeitsplatz, in den Medien, in der Kirche, oder sogar in der Wissenschaft. Homosexuellen und bisexuellen Heranwachsenden wird so von Anfang an die Chance genommen, ein Gegenmodell zum heterosexuellen Lebensentwurf entwickeln zu können und die Gewissheit zu haben, dass dieser alternative Lebensentwurf als gleichwertig angesehen wird. Mit Heterosexismus, der von Heterosexuellen oft nicht bewusst wahrgenommen wird, sehen sich Homo- oder Bisexuelle tagtäglich konfrontiert und müssen sich mit diesem Thema, ob sie wollen oder nicht, irgendwie auseinandersetzen. Sie entsprechen nicht dem sozialen Idealbild und geraten in inneren Konflikt darüber, dass sie zwar auf der einen Seite heteronormative Wertvorstellungen verinnerlicht haben, diesen aber auf der anderen Seite kaum gerecht werden können. Dieses ständige Erleben kleiner Traumata kann eine stetige Aushöhlung der eigenen Identität bedeuten, insbesondere dann, wenn der Andersfühlende nicht »bloß« heterosexistischen Aussagen ausgesetzt ist, die ihm das Gefühl vermitteln nicht zugehörig zu sein, sondern wenn er zusätzlich noch mit eindeutig homophob gefärbten Aussagen konfrontiert wird, die ihn als Mensch abwerten. So werden nicht nur heterosexistische, sondern auch antihomosexuelle Werte verinnerlicht (siehe internalisierte Homophobie, Kapitel 8.5). Im Bereich der Tiefenpsychologie betrachtet man Homophobie – genau wie Sexismus, Rassismus oder Antisemitismus – als eine meist unbewusste Angst vor der Infragestellung der eigenen Identität: Wer sich Homosexuellen gegenüber also aggressiv ablehnend verhält, hat vermutlich einfach Angst vor den eigenen homoerotischen Anteilen und vor der Verwischung der eigenen sexuellen Identität.

Bereits in der Einleitung wurde der Begriff »Grauzone« verwendet und hier kommt er nun wieder zum Tragen: Es wurde zu Beginn festgestellt, dass man bei der Suche nach seiner sexuellen Orientierung immer wieder auf Grauzonen stößt, dass sich die eigene sexuelle Identität nicht wie ein Puzzle zusammensetzen lässt, welches nur aus schwarzen und weißen Teilen besteht. Die vielen Grauschattierungen, die dazwischen liegen, machen die Identität eines jeden Menschen facettenreich und sehr lebendig. Auf der anderen Seite ergibt sich als logische Konsequenz die erheblich größere Schwierigkeit, das eigene Identitätspuzzle zusammenzusetzen. Es kostet Anstrengung, man muss sich intensiv mit sich beschäftigen und dabei regelrecht auf den Grund gehen. Eine Sache, die Mut erfordert, denn die Schlüsse, die man aus der Auseinandersetzung mit sich selbst zieht, sind ungewiss und diese Angst vor den blinden Flecken auf der Seele vergrößert die Unsicherheiten in Bezug auf die Identitätsfindung ungemein. Wahrscheinlich ist das der Grund, weshalb sich so wenige Menschen mit sich selbst auseinandersetzen und wahrscheinlich liegen u. a. darin auch die Gründe für homophobe Einstellungen. Rauchfleisch schreibt:

> *»Auch die Angst vor Infragestellung zentraler Normvorstellungen[4] und des gängigen Männlichkeits- und Weiblichkeitsideals kann in Homophobie münden, genauso wie die irrationale Angst, dass Lesben und Schwule die traditionelle Ehe ins Wanken bringen – eine Angst, die von der katholischen Hierarchie und konservativen Politikern teilweise geschürt wird. Die sozialen Auswirkungen der Homophobie zeigen sich in verschiedenen Formen antihomosexueller Gewalt, genauer gesagt, von manifester physischer, juristischer und psychischer Gewalt. Gleichgeschlechtlich Empfindende tragen ein hohes Risiko, Opfer von körperlicher Gewalt zu werden. Auf psychischer Ebene geschieht eine Vielzahl verschiedener Formen von Diskriminierungen, die unterschiedliche Auswirkungen auf die psychische Integrität[5] von Lesben, Schwulen und Bisexuellen haben. Es sind einerseits Diskriminierungen,*

die auf dem Hintergrund einer heterosexistischen Umwelt eher unreflektiert ablaufen, andererseits aber auch Formen psychischer Gewaltanwendung, welche klar und vorsätzlich auf gleichgeschlechtlich Empfindende zielen.« [6]

Auch das Wirklichkeitsbild, das durch die Medien vermittelt wird, prägt ganz entscheidend die Rolle, die Homosexuellen in der Gesellschaft zukommt:

»Einige Bespiele: Derartige Diskriminierungen finden sich in den meisten Filmen, in denen gleichgeschlechtlich Empfindende entweder ignoriert oder in einen mehr oder weniger zwielichtigen Zusammenhang gebracht wurden, in der Presse und den Massenmedien, in Aufklärungsbüchern, in denen die homo- bzw. bisexuelle Entwicklung viel zu kurz oder meist gar nicht vorkommt, sowie in der Arbeitswelt, wo Studien von Diskriminierungsraten von 81% in Deutschland und 65% in der Schweiz berichten. Wie stark Schwulenfeindlichkeit in einem breiten Teil der Bevölkerung verankert ist, zeigt sich auf besonders eindrückliche Weise in der Repräsentativumfrage von Bochow (1993) in der mindestens ein Drittel der deutschen Bevölkerung als stark schwulenfeindlich eingestuft wurde. Aus empirischen Erhebungen gehen Männer deutlich homophober hervor als Frauen. Dies lässt den Schluss zu, dass Männer, auf dem Boden uneingestandener Ängste in Bezug auf ihre sexuelle Identität, mehr abzuwehren haben als Frauen. Hinzu kommt die Angst vor dem Verlust patriarchaler Rollen und der daran gebundenen Macht.« [7]

8.2 Satirischer Einschub

Die Vorsitzende des Vereins zum Schutze der Normalbürger und zur Förderung der Moralapostel äußert sich bei der Jahresabschlusskonferenz 2005 zum immer weiter fortschreitenden Sittenverfall.

Sehr verehrtes Publikum, liebe Freunde und Sympathisanten, die ihr heute anlässlich unserer Jahresabschlusskonferenz den Weg zu uns gefunden habt, zu uns, die stets um euer Wohl und um eure Entfaltung zur reifen Persönlichkeit besorgt sind! Im Rahmen unserer Konferenz, die wie immer das Jahr abrunden und beschließen soll, möchten wir euch heute unter dem Dach des Vereins zum Schutze der Normalbürger und zur Förderung der Moralapostel recht herzlich begrüßen. Auch dieses Jahr haben sich unsere Freunde und Mitglieder wieder sehr eifrig auf ehrenamtlicher Basis darum bemüht, unsere gesunden Moralvorstellungen und Ansichten, was Sitte und Anstand betrifft, in die Welt hinaus zu tragen und diese auf jene Weise für uns tugendhaften und anständigen Bürger ein wenig lebenswerter und erträglicher zu gestalten. Ich möchte euch hierfür meinen grenzenlosen Stolz und herzlichen Dank aussprechen. Dass dies notwendige Belange sind, dass wir uns leider noch längst nicht am Ziele unserer Bemühungen befinden, dass wir vereint weiterkämpfen müssen für eine gerechtere Welt, die nicht vom Sittenverfall dominiert wird, zeigt das jüngste und erschreckende Erlebnis von Karin Schmitt, einem treuen Mitglied seit zehn Jahren, die mir ein Schreiben hat zukommen lassen mit der Bitte, es heute an diesem feierlichen Tag zu verlesen. Es soll uns als Einstieg dienen. Sie schreibt:

Sehr geehrte Vorsitzende des Vereins zum Schutze der Normalbürger und zur Förderung der Moralapostel!

Heute war es wieder soweit. Das letzte Zusammentreffen liegt schon eine ganze Weile zurück und so traf mich der erneute Unglücksfall völlig unvorbereitet. Ein gemeiner Dolchstoß sozusagen. Hinterrücks. Bis tief ins Mark. Ich stand nichts ahnend im Supermarkt zwischen dem Gemüse und überlegte gerade hin und her, ob ich für das Abendessen Broccoli oder Blumenkohl kaufen sollte. Eine Frage mit wahrhaft trivialem Charakter angesichts der Probleme in dieser kranken Welt … Da sah ich sie plötzlich, die Hände. Sie lagen ineinander. Ineinander! In der Öffentlichkeit! Können Sie sich das vorstellen? Meine Kleine versteckte sich hinter mir und fragte mich völlig durcheinander: »Mami, sind das zwei Männer?« Ich hielt ihr sofort die Augen zu, man weiß ja, dass das mit der Ansteckung oft schon in ganz zartem Alter geschieht und weil ich viel zu geschockt war – versetzen Sie sich bitte einmal in meine Lage – entgegnete ich fatalerweise: »Nein, Lilli, das sind zwei ganz seltsame Frauen.« Daraufhin fing meine Tochter laut an zu brüllen. Diese beiden – ich finde einfach keine Worte dafür, jedenfalls war eine hässlicher als die andere – interessierte das natürlich nicht im geringsten, dass die Angst das arme Mädchen gepackt hatte. Die Hände blieben, wo sie waren. Absolut egoistisch. Nun frage ich Sie: Müssen wir normalen, anständigen Leute uns ein solches Verhalten gefallen lassen? Ich würde mich freuen, wenn Sie sich als Vorsitzende zu diesem Thema äußern würden.

Mit freundlichen Grüßen,
Karin Schmitt

Ich habe diesen Brief als Einstieg gewählt, weil er ein gängiges Problem in der heutigen Zeit darstellt. Ein Problem, dem ihr alle schon begegnet seid, im

Supermarkt wie Karin, in der Stadt, in der Schule, auf der Arbeit. Einfach überall. Was es natürlich nicht besser macht – im Gegenteil. Der Verbreitung dieser Seuche der gleichgeschlechtlichen Liebe, dieser Perversität, muss entgegengewirkt werden, denn sie bedroht unser aller Verständnis von Sitte und Moral, sie untergräbt unsere christlichen Traditionen, verführt unsere Söhne und Töchter, vermittelt unseren Kindern ein völlig falsches Bild von Weiblichkeit, Männlichkeit und letztendlich von Sexualität im Gesamten. Dieses abnorme Verhalten, diese Widernatürlichkeit ist der Schneeball, der die Lawine ins Rollen bringt, der dazu beiträgt, dass unsere Welt immer kaputter wird und unsere braven Bürger und unschuldigen Kinder infiziert werden. Wollt ihr, die ihr Eltern und Großeltern seid, mit ansehen, wie eure Kinder und Enkelkinder den Pfad des Verderbens entlang geführt werden und sich verlieren? Nein? Dann helft mit aufzuklären, helft euren Kindern dabei, ein gesundes Bild von Sexualität zu entwickeln! Wollt ihr, dass die Welt an der Sünde zugrunde geht, dass wir überall von Ekel erregenden Pärchen, burschikosen Frauen und verweichlichten Männern heimgesucht werden? Nein? Dann wehrt euch gegen diese beängstigende Infiltration falscher Werte und gegen heuchlerische Argumentationsketten schon Verdorbener! Haltet eure Herzen und euer Gewissen rein! Wollt ihr, dass eure eigene Tochter irgendwann einmal zu euch kommt und euch mitteilt: »Ich liebe Frauen«? Wollt ihr, dass in der Nachbarschaft und auf der Arbeit über euch gelästert wird, dass eure Erziehung schlecht gemacht wird? Wollt ihr eurem Kinde diese Diskriminierung und seelischen Krisen antun, nur weil ihr es jetzt versäumt, es offenen Herzens auf den richtigen Weg zu führen? Nein? Ihr beantwortet alle Fragen mit nein? Dann lasst uns gemeinsam dagegen ankämp-

fen! Lasst nicht zu, dass der Funke des Verderbens auf euch überspringt! Zusammen können wir dieser Seuche den Kampf ansagen!

8.3 Soziale Vorurteile und ihre Entstehungsmechanismen

Belardi definiert den Begriff »Vorurteil« in seinem Buch Psychologische Grundlagen folgendermaßen:

»Ein Vorurteil ist eine Antipathie, die sich auf eine fehlerhafte und starre Verallgemeinerung gründet. Es handelt sich um in der Persönlichkeitsstruktur verankerte Einstellungen, die einerseits die Wahrnehmung und die Interpretation der Umwelt bestimmen, andererseits das Verhalten der Menschen steuern. Das Vorurteil kann ausgedrückt oder nur gefühlt werden und sich entweder gegen eine Gruppe als Ganzes richten oder gegen ein Individuum, weil es Mitglied einer solchen Gruppe ist. Soziale Vorurteile als verhärtete Form der Einstellungen von Menschen zeichnen sich durch folgende Merkmale aus: Sie sind gefühlsmäßig (affektiv) besetzt und verurteilen (diskriminieren) Einzelpersonen und ganze Gruppen oberflächlich nach Einzelmerkmalen. Sie sind immer in der Form sozial, als dass sie in Gruppen entstehen und sich in und gegen Gruppen auswirken. Soziale Vorurteile beeinflussen den Aufbau des Normensystems der jeweiligen Gruppe, sie übernehmen aber auch im System der sozialen Orientierung, Interessenartikulation, und politischer Rechtfertigung (Ideologie) von einzelnen und Gruppen eine wichtige – wenn auch meist verzerrte – Wahrnehmungs- und Kategorisierungsfunktion. Besonders in Krisensituationen finden Vorurteile verstärkt Eingang in politische Ideologien, indem die Vorurteilsbereitschaft der Menschen auf Sündenböcke gelenkt wird, um von anderen Tatbeständen abzulenken.«[8]

Vorurteile – und daraus resultierende Diskriminierung und Ausgrenzung von alternativen Lebensformen und Minderheiten – existieren, seit die Menschheit besteht, und noch immer herrschen sie in unserer heutigen, man möchte meinen, aufgeklärten Gesellschaft. Im Folgenden sollen einige der gängigsten – und mit Absicht stark überspitzten – Vorurteile im Bezug auf Homosexuelle genannt und anschließend korrigiert oder relativiert werden:

Vorurteil 1: Schwule sind keine richtigen Männer, geben sich weiblich und alle Lesben sind Mannweiber und Männerhasserinnen.

Dies ist vielleicht das geläufigste Vorurteil Homosexuellen gegenüber. Tatsächlich geben sich einige Schwule weiblich und können einen ausgeprägten Sinn für schöne Dinge, wie z.B. für Mode und für Kunst haben. Dies liegt vermutlich daran, dass sich viele Schwule mehr als Heterosexuelle gestatten, ihre weibliche Seite auszuleben. Es macht manchen sicherlich auch Spaß, damit zu provozieren oder gar zu persiflieren. Sie machen sich über das Bild lustig, das die heterosexuelle Welt von ihnen hat. Aber: Nicht alle Schwule verkörpern das Bild der »Tucke« oder der »Tunte«, wie der Volksmund sie verallgemeinernd und abwertend bezeichnet. Es gibt mindestens genauso viele homosexuelle Männer, die »typische« männliche Eigenschaften wie Fußball spielen, oder eine technisch-handwerkliche Begabung, aufweisen – Männer, deren homosexuelle Orientierung eben nicht auf den ersten Blick sichtbar ist. Das Gleiche gilt für homosexuelle Frauen: Vielen lesbischen Frauen sieht man nicht an, dass sie Frauen lieben: Sie sind äußerst feminin, schminken sich, sind handwerklich nicht begabter als heterosexuelle Frauen und unterscheiden sich von ihnen nur durch die sexuelle Orientierung. Viel zu oft wird nicht bedacht, dass lesbische Frauen sich Frauen nicht hingeben, weil sie Männer hassen, sondern weil sie Frauen lieben und begehren. Es wäre falsch anzunehmen, diese Tatsache bedinge einen Hass auf Männer.

Vorurteil 2: Schwule sind bindungsunfähig, haben keine stabilen Beziehungen und denken immer nur an Sex.

Es gibt viele Schwule, die jahrzehntelang mit einem Partner zusammen leben. Nicht umsonst fordern Homosexuelle seit Jahren die Homo-Ehe. Betrachtet man sich die heterosexuelle Scheidungs- und Singlerate in Deutschland, mutet es beinahe lächerlich an, explizit im Zusammenhang von Homosexuellen von Bindungsunfähigkeit zu sprechen. Einige Homosexuelle haben in der Tat ständig wechselnde Partner und wollen ihren Sexualtrieb befriedigen. Es soll aber tatsächlich auch einige Heterosexuelle geben, die ständig wechselnde Partner haben und so ihren Sextrieb befriedigen. Ein Aspekt, der die schneller wechselnden Partnerschaften von Homosexuellen begünstigt ist der, dass Homosexuelle erst seit kurzem ihre Partnerschaft offiziell dokumentieren können und sie in der Regel keine Kinder haben. Insofern war es für sie einfacher als für Heterosexuelle, eine Beziehung, die nicht mehr funktionierte, aufzulösen. Offiziell gab es keine Besitztümer, die aufgeteilt werden mussten, und um Kinder, wegen derer viele heterosexuelle Paare zusammen bleiben, mussten sie sich im Fall einer Trennung nicht kümmern. Ansonsten funktionieren homosexuelle Verbindungen genau wie heterosexuelle; auch wenn sie unter Umständen mit größeren Schwierigkeiten hinsichtlich der Akzeptanz zu rechnen haben. Ansonsten teilen homosexuelle Partner den gleichen Schmerz und die gleiche Freude miteinander wie heterosexuelle Paare.

Vorurteil 3: Homosexuelle sind pervers und Kinderschänder.

Mit dem Begriff »pervers« muss sehr vorsichtig umgegangen werden. Der medizinische Duden beschreibt das Wort »pervers« wie folgt: »(psychisch) abnorm, abwegig, krankhaft (veranlagt oder empfindend; Psychol.)«. Nur weil Homosexualität nicht der Norm entspricht, heißt das nicht, dass sie als krankhaft bezeichnet werden kann. Abweichungen müssen nicht immer negativ sein. Und der Anteil derer, die so genannte perverse sexuelle Praktiken bevorzugen, ist unter Homosexuellen nicht größer als unter Heterosexuellen, sondern gleich groß. Ebenso verhält es sich mit dem Anteil derer, die Kinder missbrauchen: In den meisten Fällen von Kindesmissbrauch ist der Täter heterosexuell und das Opfer ein Mädchen.

Vorurteil 4: **Zur Homosexualität kann man verführt werden.**
Dies ist falsch, denn sie kommt auch bei Menschen vor, die nie zuvor Kontakt mit anderen Homosexuellen hatten. Wer nicht bereits homosexuell veranlagt ist, kann auch nicht dazu verführt werden. Viele Jugendliche machen ihre ersten sexuellen Erfahrungen mit einer Person des eigenen Geschlechts. Dennoch werden sie deshalb nicht homosexuell. Die meisten Homosexuellen sind in ihrer Kindheit und Jugend von einer überwältigenden heterosexuellen Mehrheit umgeben. Dennoch bleiben sie selbst auf das eigene Geschlecht orientiert.

Vorurteil 5: **Alle Homosexuellen haben Aids.**
Es ist eine Tatsache, dass gerade homosexuelle Männer ein erhöhtes Risiko haben, sich mit dem HI-Virus zu infizieren, der in Blut, in Sperma und in unbedeutender Menge auch im Speichel zu finden ist. Dieser Virus kann leicht durch ungeschützten Analverkehr übertragen werden, woraufhin infolgedessen die Wahrscheinlichkeit sehr hoch, aber nicht zwangsläufig ist, an Aids zu erkranken. Da es jedoch Methoden der Verhütung gibt, kann man als verantwortlicher, homosexueller Mensch mit Hilfe von Kondomen einer solchen Ansteckung vorbeugen.

Warum aber halten sich manche sozialen Vorurteile so hartnäckig? Was ist die Ursache ihrer Entstehung?

Einstellungen und Einstellungsänderungen

Um diese Fragen zu klären, muss man sich zunächst mit den Einstellungen auseinandersetzen, bevor man sich mit den Vorurteilen selbst befasst, denn die Einstellungen sind eine ihrer Grundlagen.

> *»Einstellung wird in der Sozialpsychologie definiert als ein angenehmes oder unangenehmes Gefühl gegenüber einem Einstellungsobjekt oder einem Einstellungsgegenstand, d.h. die positive oder negative Bewertung eines Objektes oder Gegenstandes. Einstellungen sind bedingt durch den Verlauf der Sozialisation und die vielfältigen Erfahrungen eines Individuums. Soziale Einstellungen sind schwer veränderbar. Als wichtigste Faktoren für die Veränderbarkeit haben sich erwiesen:*
>
> - *Die Attraktivität der neuen Einstellung. Etwa wenn sie mit einer sozialen Belohnung verknüpft ist oder von wichtigen Bezugspersonen auch vertreten wird.*
> - *Die Vertrauenswürdigkeit der Person, die sie vertritt.*
> - *Der Kommunikationsinhalt kann ebenfalls eine Einstellungsänderung fördern oder hemmen. In verschiedenen Experimenten hat man festgestellt, dass übertriebene, Angst machende Kommunikation (etwa Bilder von Lungenkrebs zur Vermeidung von Nikotinsucht) eher zu defensiver Vermeidung der Information führten als zum erwünschten Erfolg.«* [9]

Stereotype als weitere Grundlage des Vorurteils

Der Stereotyp an sich muss noch keinen negativ geprägten Charakter haben. Zunächst dient er dem Menschen als wertneutrales Orientierungsmittel in einer durch Veränderung geprägten Welt. Etymologisch bedeutet Stereotyp »starres Muster«, das stark vereinfachend wirkt. Merkmale werden so bestimmten Personengruppen oder Dingen zugeordnet. Mit der Bezeichnung »soziale Stereotypen« wird darauf hingewiesen, dass sie in einer Gesellschaft von vielen Menschen verwendet werden. Dies ist auch der Grund, warum ihnen eine mehr oder weniger große Unwahrheit zukommt: Schnell erfolgen oberflächliche Zuordnungen bestimmter Merkmale auf spezielle Personen. Der Stereotyp kann als kognitive[10] Seite der Vorurteile verstanden werden.

Entstehungsmechanismen und Ursachen von sozialen Vorurteilen

Eine allgemein gültige Theorie zur Entstehung von Vorurteilen gibt es nicht. Es gibt mehrere theoretische Ansätze, die auflösen wollen, warum Menschen Vorurteile haben. Einige Theorien wollen gesellschaftliche Faktoren als Ursache von sozialen Vorurteilen sehen, andere stellen innerpsychische Vorgänge im Menschen in den Mittelpunkt. Einige gehen grundsätzlich von einem Motiv der Abwertung bzgl. Fremdgruppen aus, andere nicht. Hier wird ein Ansatz dargestellt, der von den komplexen Mechanismen der frühkindlichen Sozialisation aus psychoanalytischer Sichtweise ausgeht.

> *»Zur Charakterentwicklung eines Kindes, die als Ergebnis der konflikthaften Auseinandersetzung zwischen seinen Triebansprüchen, den gesellschaftlichen Normen und Verhaltensweisen der Eltern dargestellt wurde, trugen die Abwehrmechanismen der Identifikation, Projektion, Idealisierung und Rationalisierung zum Schutz des Kindes und zur Auseinandersetzung mit der Umwelt bei. Gerade durch die Identifikation und die Idealisierung von Normen und Zielen der eigenen Bezugsgruppe kommt es schon sehr früh zur affektiven Übernahme von Grundeinstellungen, die in diesem Alter – und auch später meistens – nicht rational überprüft werden können.«*[11]

Weiterhin erklärt Belardi die Entstehung sozialer Vorurteile wie folgt:

> *»Das Bedürfnis, sich in der eigenen Gruppe wohlzufühlen, führt zu unkritischer Übernahme von Wertvorstellungen. Eine ständig erzeugte Unterlegenheitsangst des Kindes, die Drohung mit Liebesentzug (später mit Status- und Prestigeverlust), die Einbuße an Selbstwertgefühl führt zur Flucht in die Anerkennung vorgegebener Wertmuster als eigene Wertvorstellungen. Um die dabei auftretende Angst abzuwehren und sich anzupassen, greift das Ich auf Abwehrvorgänge zurück, die den Konflikt zwischen eigenem Bedürfnis und Normen der Außenwelt regulieren soll. Beispielsweise gelingt in der Projektion eigener Handlungsmotive auf andere Menschen die Verlagerung des Angst erregenden, der nicht der Gruppennorm entsprechenden eigenen Triebansprüche nach außen, die bösen Motive können an dem anderen bekämpft werden mit dem Lustgewinn der Stärkung des Selbstwertgefühls. Wenn ein Verhalten aus gesellschaftlichen nicht annehmbaren Quellen entspringt oder gesellschaftlich nicht gebilligte Ziele verfolgt, so wird häufig versucht, vernünftige Gründe dafür zu finden und sich zu rechtfertigen. In einem solchen Falle spricht man von einer Rationalisierung. Wenn eine Handlung von der Umwelt bestraft zu werden droht, werden solche Rationalisierungen oft nachträglich unterstellt. Vorurteile mit rationalisierendem Charakter sind oft schwerer zu durchschauen als offene und gefühlsmäßig gefärbte. Sie gehen häufig von scheinbar einleuchtenden Begründungen über soziale Ungleichheit aus und erklären diese als natur-, anlage- oder rassebedingt.«* [12]

Selektive Wahrnehmung Selektive Wahrnehmung beschreibt ein psychologisches Phänomen, einen Prozess des Filterns: Nur einzelne Aspekte der Umwelt werden wahrgenommen, andere werden einfach ausgeblendet. Im Zusammenhang mit Vorurteilen werden oft nur Informationen zur Kenntnis genommen, die das Vorurteil bestätigen. Gegenteiliges wird entweder gar nicht bemerkt oder so uminterpretiert, dass es sich am Ende doch mit der eigenen Haltung deckt. Selektive Wahrnehmung ist im Grunde eine normale und alltägliche Erscheinung und jeder Mensch fällt ihr zum Opfer. Gefährlich wird sie nur, wenn die Suche des Gehirns nach bekannten Mustern sich in massiven Vorurteilen niederschlägt. Besonders stark tritt selektive Wahrnehmung immer dann auf, wenn objektive Sachverhalte entgegengesetzt zu Werten und Normen einer Gruppe stehen, der sich der Betrachter zugehörig fühlt.

8.4 Satirischer Einschub 2

Der nachfolgende Text »Vorurteile« ist ein Ausschnitt aus dem Kabarett-Programm von Kordula Völker. Viel Spaß beim Schmunzeln.

Vorurteile
Lesben sind hässlich.
Das ist kein Vorurteil.
Das ist eine Tatsache.

Auch wenn es hart ist, aber dem müssen wir ins Auge blicken. Diese Tatsache hat übrigens jetzt auch eine wissenschaftliche Untersuchung ergeben. Die »Deutsche Liga zum Schutz von Vorurteilen« hat eine Studie in Auftrag gegeben, bei der sie 1000 Kegelschwestern und Stammtischbrüder befragt hat. Die Ergebnisse wurden einem logischen Testverfahren unterzogen, so dass wirklich jede persönliche Animosität ausgeschlossen werden kann. Das ist ja auch logisch. Lesben sind ja das Gegenteil von heterosexuellen Frauen. Und heterosexuelle Frauen sind – das wissen wir alle – schön, aber dumm. Das sagt ja schon der Volksmund: Blond, aber strohdoof, nix im Kopf, aber ordentlich Holz vor der Hütte. Wenn heterosexuelle Frauen schön, aber dumm sind, dann sind Lesben logischerweise hässlich, dafür aber sehr intelligent. Auch dieses ist logisch. Denn: Intelligenz bei Frauen führt ja bekanntlich zwangsläufig zu Unattraktivität. Diesen Frauen bleibt also keine andere Wahl als lesbisch zu werden. Biologisch gesehen, ist dies von Vorteil, weil sich so hässliche und intelligente Frauen nicht fortpflanzen können. Bei Männern verhält es sich genau umgekehrt. Denn: Männliche Homosexuelle sind schön – auch das weiß jeder – welche Frau hat sich nicht schon einmal in einen Schwulen verliebt? Aber Schwule sind nicht nur schön, sondern auch dumm. So dumm, dass sie ihrem eigenem Schönheitsideal hinterherrennen und sich auch noch gegenseitig ausrotten. Heterosexuelle Männer sind in dieser logischen Beweiskette die berühmte Ausnahme von der Regel, denn der heterosexuelle Mann ist nicht nur dumm, sondern auch hässlich. Dass dies alles wirklich äußerst logisch ist, zeigt die resümierende Schlussfolgerung: Wenn sich dumme und hässliche Heteromänner mit dummen und schönen Heterofrauen zum Zwecke der Fortpflanzung paaren, multipliziert sich der Dumm-Dumm-Faktor bis ins Unermessliche. Am Ende kommen dann Kinder dabei heraus, die so einen Scheiß glauben.

8.5 Internalisierte Homophobie

Das Bild, das im Bezug auf Homosexuelle in der Gesellschaft herrscht, ist durchweg geprägt durch Homophobie und Heterosexismus. Speziell vor einem Sichbekennen stellen diese von Lesben, Schwulen und Bisexuellen in sich aufgenommenen negativen Bilder, Gefühle und Erkenntnisse für sie den psychischen Grundkonflikt schlechthin dar. Geprägt durch die Klischeevorstellungen vieler Eltern, wie ein echter Mann oder eine echte Frau zu sein und sich zu verhalten hat, werden Kinder nach diesem Muster sehr unreflektiert erzogen und erfahren eine Sozialisation, die sich scheinbar nicht mit ihrem eigenen Erleben und Empfinden verbinden lässt. So entstehen schon in frühester Kindheit Irritationen und Verletzungen, und der Junge oder das Mädchen fühlt sich unverstanden und fremd in der eigenen Familie. Oft geht eine große Einsamkeit mit diesem Prozess einher, und später werden viele Heranwachsende den falschen Eindruck gewonnen haben, sie seien die einzigen auf der Welt, »mit denen etwas nicht stimmt.« Es ist offensichtlich, dass ein Kind vor diesem Hintergrund erhebliche Probleme damit haben wird, eine eigene Identität zu konstruieren. So wird unbewusst oft eine Art Scheinidentität entwickelt, die nur so lange nicht zusammenbricht, wie das Kind oder der Jugendliche seine eigentliche sexuelle Orientierung verdrängen kann und so sein psychisches Gleichgewicht aufrechterhält. Der junge Mensch spaltet sich auf diese Art von seinen Bedürfnissen und Wünschen ab, was sich im Erwachsenenalter oft in Form von psychischen oder psychosomatischen Störungen zeigt. Zudem ist es nicht ungewöhnlich, dass Jugendliche oder Erwachsene, die antihomosexuelle Wertmaßstäbe internalisiert haben, sich damit identifizieren und selbst homophob agieren. Sie projizieren ihre eigenen Ängste und Schattenseiten, die tief in ihnen verborgen liegen, auf andere und attackieren sie psychisch oder physisch. Was sie zu diesem Zeitpunkt noch nicht realisieren, ist: Die Attacken sind immer auch gegen sie selbst gerichtet. Dies ist nur eine der vielfältigen Möglichkeiten, wie verinnerlichte Homophobie ausgedrückt werden kann. Manche Möglichkeiten sind ganz offensichtlich, indem z.B. dem Selbsthass verbal Luft gemacht wird. Die verdeckten und heimtückischeren Formen sind weniger leicht zu identifizieren; sie sind meist Ausdruck unbewusster Homophobie und stellen Abwehrmechanismen dar. Margolies, Becker und Jackson-Brewer haben diese Abwehrmechanismen in ihrem Buch sehr gut dargestellt:

»1. Angst vor Entdeckung

Obwohl diese Angst durch das Bedürfnis, sich vor möglichen Zurückweisungen zu schützen, erzeugt wird, drückt sie sich manchmal als das Bedürfnis aus, andere vor dem Wissen um die eigene Homosexualität zu schützen. Aussagen wie ›Es wird sie umbringen!‹ oder ›Wir sprechen nicht über mein persönliches Leben; deshalb gibt es keinen Grund, das zu erwähnen!‹ drücken diese Angst aus und zeigen, wie die Abwehrmechanismen Projektion (eigene Gefühle werden anderen unterstellt) und Rationalisierung (vernünftige Erklärungen entemotionalisieren eigene Betroffenheit, Ängste usw.) wirksam werden.

2. Zurückweisung/Herabsetzung von allem Heterosexuellen

Dies ist eine homphobe Reaktion, um Diskriminierung umzukehren. Wenn die Homosexualität einer Lesbe ego-synton ist, wird sie von niemandem verlangen, ihre Werte und ihren Lebensentwurf zu teilen. Projektion ist der Abwehrmechanismus, der hier am Werk ist.

3. Sich Heterosexuellen überlegen fühlen

Diese Form der Homophobie äußert sich in übertriebenem lesbischem bzw. schwulem Stolz, einer falschen Bewertung der Unterschiedlichkeit. Sie kann folgendermaßen ausgedrückt werden: ›Wir sind besser, weil wir ein härteres Leben haben!‹ oder ›Unser Leben ist interessanter, freier und künstlerischer, unbeschwerter!‹ Diese Empfindungen und

Aussagen spiegeln Rationalisierung und Reaktionsbildung wider.

4. Die Überzeugung, Homosexuelle unterschieden sich nicht von Heterosexuellen
Diese Überzeugung rationalisiert und minimiert eine wirkliche Unterschiedlichkeit durch den Versuch, Diskriminierung von anderen zu vermeiden. Sie verleugnet den sozialen, politischen und sexuellen Kontext, in welchem gleichgeschlechtliche Beziehungen um ihre Existenz kämpfen. Dies kann ausgedrückt werden durch Äußerungen wie ›Beziehungen sind alle gleich; ich habe zufällig eine mit einer Frau/einem Mann.‹ oder ›Was wir im Bett tun, sagt nichts über uns aus.‹ Rationalisierung und Verleugnung sind die Abwehrmechanismen.

5. Unbehagen bei dem Gedanken, Kinder in einem lesbischen Zuhause aufwachsen zu lassen
Dieser Gedanke wird oft folgendermaßen ausgedrückt: ›Ich finde künstliche Befruchtung abartig!‹ oder ›Kinder brauchen einen Vater!‹. Diese Aussagen leugnen die Tatsache, dass viele Kinder von alleinerziehenden Müttern aufgezogen werden und werten gleichzeitig die Gültigkeit von Lesbenbeziehungen ab. Dies ist der Abwehrmechanismus ›Identifikation mit dem Unterdrücker‹.

6. Ausschließlich nicht verfügbare Personen, Heterosexuelle oder Frauen/Männer, die schon in einer Beziehung leben, üben eine Faszination auf eine Frau/einen Mann aus
Diese Anziehung, die niemals zu einer verbindlichen Beziehung führt, ist eine Möglichkeit, den ganzen Ausdruck der eigenen Homosexualität zu unterdrücken. Dies ist der Abwehrmechanismus Verleugnung.

7. Kurzzeit-Beziehungen
Ungeachtet der Fragen von Intimität, Vertrauen und Einswerden verlangen Kurzzeit–Beziehungen wenig Verbindlichkeit in Bezug auf die eigene homosexuelle Orientierung. Mit einer Partnerin/einem Partner zu leben, beinhaltet ein größeres soziales Risiko und größere Stigmatisierung als gelegentliche Verabredungen. Verbindlichkeit bringt Entscheidungen hinsichtlich öffentlicher Zeremonien mit sich, zum Beispiel hinsichtlich von Familienfeiern oder der Weihnachtsfeier im Büro. Die Ängste und das soziale Risiko werden durch Rationalisierung und Verleugnung abgewehrt.« [14]

Wie sich internalisierte Homophobie zur sozialen Kompetenz eines Menschen verhält, wird in Kapitel 12 thematisiert.

---

1 Rauchfleisch, Udo: Gleich und doch anders, 53

2 a.a.O., 54f

3 a.a.O., 55

4 Soziale Normen sind innerhalb eines Kollektivs geltende Vorschriften für das menschliche Handeln, die festlegen, was in spezifischen, sich wiederholenden Situationen ge- und verboten ist. Außerdem sind Normen Spezifikationen der allgemeinen Werte in einer Gesellschaft (bspw. Wert der Höflichkeit; Norm des Türaufhaltens)
- Sie werden im Lauf der Sozialisation verinnerlicht und sind durch Sanktionen abgesichert
- Sanktionen können positiv (bspw. Lob, Belohnung) oder negativ (Missbilligung, Gefängnisstrafe) sein
- Sanktionen können von anderen Personen (Außenkontrolle) oder von sich selbst (Innenkontrolle) angewandt werden
- Stimmt Handeln mit einer Norm überein, spricht man auch von konformen Handeln (im Gegensatz zu abweichendem Verhalten) Def.: www.schmidtmitdete.de/pdf/mikromakro.pdf ; 24.04.06

5 Unversehrtheit
6 Rauchfleisch, Udo: Gleich und doch anders, 57–60
7 a.a.O., 60–64
8 Belardi, Nando: Psychologische Grundlagen, 127
9 a.a.O., 127
10 erkenntnismäßig
11 a.a.O., 128
12 a.a.O., 129–131
13 In der Psychologie werden Symptome im Verhalten einer Person als ego-synton bezeichnet, wenn sie sich mit ihnen voll und ganz identifizieren kann. Charakteristisch ist unter anderem, dass sich die eigene Person als normal erlebt. Die Person hat absolut keine Einsicht in ihr Fehlverhalten. Zwanghaft erscheinende Verhaltensweisen empfindet der Betroffene nicht als störend. Im Gegensatz dazu spricht man von ich-dyston. Def.: www.wikipedia.de
14 Margolies, Liz; Becker, Martha; Jackson-Brewer, Karla: Verinnerlichte Homophobie, in: Lesben, Liebe, Leidenschaft; 197ff

9 Das Sichbekennen – ein lebenslanger Prozess auf vielen Ebenen

Der wesentliche und leider oft sehr schmerzvolle Prozess, den jeder gleichgeschlechtlich empfindende und liebende Mensch durchläuft, wird Sichbekennen genannt. Er umfasst einerseits einen innerpsychischen Vorgang, nämlich zunächst das Bewusstwerden darüber und zuletzt die Gewissheit, lesbisch bzw. schwul und nicht heterosexuell zu sein, und andererseits eine soziale Dimension, bei der es um den Weg geht, sich entsprechend der gleichgeschlechtlichen Orientierung zunehmend auch in der Öffentlichkeit zu zeigen und einen eigenen Lebensstil zu finden. Beide Aspekte hängen eng miteinander zusammen und bedingen einander. Einerseits ist die Gewissheit, lesbisch, schwul oder bisexuell zu sein, Voraussetzung dafür, auch in der Öffentlichkeit dementsprechend aufzutreten. Andererseits aber verfestigt sich durch die sexuelle Identität auch eine bewusst gestaltete Lebensform. Im Prozess des Sichbekennens werden drei Phasen unterschieden, die jeweils spezifische Erfahrungen – und damit auch die Möglichkeit von Störungen – in Bezug auf die eigene Person und die Interaktion mit der näheren und weiteren Umgebung beinhalten: Die Phase des Sichbekennens, das Sichbekennen in der Öffentlichkeit und die Integrationsphase.

9.1 Die Phase des Sichbekennens

Diese Phase beinhaltet die Zeit von der Geburt bis zu dem Moment, in dem ein Mensch sein Anderssein bewusst wahrnimmt. Dieses Gefühl kann sehr unterschiedlich erlebt werden. Das Verhalten der Umgebung, insbesondere das der Eltern, welche die unmittelbaren

Bezugspersonen darstellen, trägt den wesentlichsten Teil dazu bei.
Rauchfleisch schreibt:

> *»Dementsprechend findet man auch ganz verschiedenartige Ausgänge der ersten Selbstbekennungs-Phase, was wiederum einen erheblichen Einfluss darauf ausübt, wie die folgenden Entwicklungsstadien durchlaufen werden. Es liegt auf der Hand, dass Eltern, die selbst gut mit ihren Bedürfnissen nach Abgrenzung und Zuwendung zu anderen Menschen umgehen und eine Offenheit für unkonventionelle geschlechtsspezifische Verhaltensweisen besitzen, viel unbefangener mit dem Anderssein ihrer Kinder umgehen können und ihnen dadurch viel mehr Raum lassen, sich selbst so zu erleben und auch sozial zu definieren, wie sie sich tatsächlich fühlen. Sind Eltern und andere wichtige Bezugspersonen – Verwandte, KindergärtnerInnen, LehrerInnen etc. – hingegen an starre, traditionelle Geschlechtsrollenstereotype und rigide gesellschaftliche und/oder kirchliche Normen gebunden, so entwickeln die Kinder und Jugendlichen leicht das Gefühl der Heimatlosigkeit und der Fremdheit, d.h. der Entfremdung von der eigenen Familie. Die Schwierigkeit des Prä-Sichbekennens liegt vor allem darin, dass die Heranwachsenden ebenso wie die nähere Umgebung erkennen und akzeptieren müssen, dass nicht die wie selbstverständlich erwartete heterosexuelle Orientierung besteht, sondern dass eine lesbische, schwule oder bisexuelle Identität die Selbstwahrnehmung und die Gestaltung der sozialen Beziehungen bestimmt.«* [1]

Für diese Kinder muss man akzeptieren und anerkennen, dass Klischee beladene Ansichten darüber, was typisch weibliche bzw. männliche Verhaltensweisen sind, keine oder wenn überhaupt, dann nur eine begrenzte Gültigkeit haben. Bei einer positiven und stabilen Eltern-Kind-Beziehung wird auch eine Verschiebung der typischen Geschlechtsrollen (wenn Jungen also mit Puppen spielen, musische Interessen haben und Mädchen am liebsten kämpfen und auf Bäume klettern) nicht als Fehlen wichtiger sozialer Merkmale oder als persönliches Versagen aufgefasst, das sowohl bei Eltern als auch bei Kindern Schuldgefühle auslöst. Die Eltern sind dann fähig, das Verhalten und Erleben ihres Kindes als gleichwertiges Anderssein zu begreifen.

> *»Da unsere Gesellschaft sich stark an heterosexuellen Standards orientiert, ist ein solcher Entwicklungsprozess mehr oder weniger großen Belastungen ausgesetzt. Schon die – verständliche – Erwartung heterosexueller Eltern, ein heterosexuelles Kind vor sich zu haben, kann im Heranwachsenden schmerzliche Gefühle des Nicht-Verstanden-Werdens und des Ausgeschlossenseins entstehen lassen. Hinzu kommen oft Enttäuschungen am gleichgeschlechtlichen Elternteil, der das Kind wegen seines nicht den traditionellen Geschlechtsrollen entsprechenden Verhaltens unter Umständen explizit zurückweist und entwertet.«* [2]

Festzuhalten ist: Je ausgeprägter die homophoben Einstellungen bei den Eltern und in der Umgebung sind, in der sich der homosexuelle Mensch aufhält, desto schwerer sind die Verletzungen, die er in dieser Entwicklungsphase erleiden muss. Besonders tragisch ist es, wenn solche homophoben Einstellungen der Umwelt schließlich von den Heranwachsenden übernommen werden und dann als internalisierte Homophobie (siehe Kapitel 8.5) aus ihnen selbst heraus eine unheilvolle negative Wirkung auf das Selbstwertgefühl und die Selbstakzeptanz ausüben. Die neuen (homosexuellen) Gefühle, die auch eine Änderung der Lebensweise und Identität mit einschließen würden, können nicht in die schon bestehende Selbstsicht integriert werden. Das führt in Folge auch zu Selbstverleugnung und destruktiven Verhaltensmustern. Manche Jugendliche versuchen mit aller Gewalt in heterosexuellen Begegnungen oder Beziehungen glücklich zu werden und quälen sich damit nur selbst. Wie in Kapitel 8.5 bereits erwähnt, ist ein oft gebrauchter Abwehrmechanismus der, dass Homosexuelle die eigenen Gefühle hinter Aussagen wie: *»Ich hab‹ noch nicht die Richtige/den Richtigen (Heterosexuelle/n) gefunden.«, »Sex ist nicht so wichtig.« oder »Nur der Mensch zählt.«* verstecken. Diese Abwehrmechanismen sind in der Regel nicht nur bei den gleichgeschlechtlich empfindenden Jugendlichen selbst zu finden, sondern auch bei Menschen des sie umgebenden sozialen Umfeldes, sprich Eltern, Freunde etc... Schwierigkeiten ergeben sich ferner dadurch, dass Kinder und Jugendliche in dieser Gesellschaft kaum gleichgeschlechtliche Modelle finden, sondern in erster Linie mit heterosexuell empfindenden Menschen und deren Lebens- und Beziehungsformen konfrontiert sind. Diese Situation hat sich zwar im Verlauf der letzten Jahre geändert; nach wie vor aber erleben viele gleichgeschlechtlich empfindende Kinder und Jugendliche im Hinblick auf die für ihre Sozialisation wichtigen Identifikationsfiguren einen empfindlichen Mangel. Allenfalls erfahren sie von lesbischen, schwulen und bisexuellen Prominenten, die sie aber nur aus der Ferne kennen und die deshalb als ihnen vorgelebte Modelle kaum in Frage kommen. Diese Probleme werden besonders relevant in den folgenden Phasen der Selbstbekennung, in denen es um das Eingehen von Beziehungen und das Finden eines eigenen lesbischen, schwulen und bisexuellen Lebensstils geht. Damit diese wie die nächsten Entwicklungsphasen von Eltern wie von Kindern konstruktiv bewältigt werden können, sind mitunter Beratungen durch Professionelle sinnvoll. Daneben können aber auch Selbsthilfegruppen für Eltern lesbischer und schwuler Kinder äußerst hilfreich sein, genauso wie auch für die Jugendlichen selbst. In solchen Gruppen erleben die Eltern Solidarität, erhalten Informationen über homosexuelle Orientierungen und Lebensweisen und können ihren eigenen Selbstbekennungs-Prozess als Eltern eines homosexuellen Kindes durchlaufen. Denn, ähnlich wie ihre Kinder, stehen auch sie vor der Aufgabe, die homosexuelle Orientierung zu akzeptieren und mit dem sich anders entwickelnden Kind in der Öffentlichkeit sichtbar zu werden. Hilfe, Rat und Gleichgesinnte finden Jugendliche auch in speziellen Jugendgruppen für Homosexuelle, die es mittlerweile in allen größeren Städten gibt (siehe Anhang).

9.2 Das Sichbekennen in der Öffentlichkeit

Diese Phase zeichnet sich durch die Gewissheit aus, eine gleichgeschlechtliche oder bisexuelle Orientierung zu besitzen und sich dementsprechend zu Partnern und Partnerinnen des eigenen Geschlechts hingezogen zu fühlen. Diese Erkenntnis stellt den ersten Schritt auf dem Weg in die Öffentlichkeit dar. Zentrale Fragen, die lesbische, schwule und bisexuelle junge Menschen in dieser Zeit bewegen, sind vor allem die, wem sie sich zuerst eröffnen und wie weit der Kreis der Menschen gezogen werden soll, die sie über ihre Orientierung informieren wollen. Die Antwort auf diese Fragen hängt von verschiedenen Faktoren ab: Zum einen kommt es wesentlich auf das soziale, kulturelle und politische Umfeld an, in dem die Jugendlichen sich bewegen. Ist es gekennzeichnet durch große Toleranz und Offenheit, fällt es dementsprechend leichter, sich trotz der von der Norm abweichenden Orientierung zu ihr zu bekennen.

Anders sieht das in einem konservativen Milieu aus, das sozial konformes Verhalten einfordert. Oft werden gerade Jugendliche, die unter dem Einfluss der katholischen Kirche aufgewachsen sind, in der Bildung und Auslebung ihrer sexuellen Identität gehemmt, da die katholische Kirche der Homosexualität sehr ablehnend und abwertend gegenübersteht. Etwas heterogener ist die Situation im protestantischen Bereich, wo auch schon an etlichen Orten für homosexuelle Paare Rituale für Segnungsfeiern abgehalten werden können. In hohem Ausmaß homophob muss eine Reihe evangelikaler Gruppierungen eingestuft werden. Diese fordern von ihren gleichgeschlechtlich empfindenden Anhängern die Änderung ihrer sexuellen Orientierung und verstehen nicht, dass man zwar seine Lebensweise ändern und den Forderungen anpassen kann, aber nicht seine eigentliche Orientierung mit all den Sehnsüchten und Gefühlen, die daran geknüpft sind. Solch einem Druck ausgesetzt, können viele mit der Situation nicht mehr umgehen und erscheinen oberflächlich betrachtet zwar angepasst, sind aber tatsächlich verzweifelt, hoffnungslos und haben immense Selbstwertprobleme angesichts der Tatsache, dass sie gezwungen werden, ein Leben entgegen ihrer eigentlichen Identität zu führen. Viele werden depressiv und einige spielen sogar mit dem Gedanken, sich das Leben zu nehmen. Homosexuelle Jugendliche sind viermal stärker suizidgefährdet als heterosexuelle Jugendliche. (Mehr zu den Risiken eines Verheimlichens der sexuellen Orientierung, siehe Kapitel 12.1).

Von der Umgebung, in der sich lesbische, schwule und bisexuelle Jugendliche bewegen, abgesehen, spielt die Einstellung und Sozialisierung der Eltern eine große, vielleicht sogar die größte Rolle. Offene, liebevolle Eltern, die ihrem Kind von Anfang an zeigen, dass es immer mit ihrer Unterstützung rechnen kann, dass es so akzeptiert wird, wie es ist, und wenn ein großes Vertrauen auf beiden Seiten zu dem jeweils anderen aufgebaut wurde, dann hat ein Kind einen Rückhalt, einen Schutz, der es stark macht und ihm ein großes Selbstvertrauen gibt. Gerade in dieser Lebensphase ist es für die Jugendlichen enorm wichtig, sich mit jemandem über die eigene gleichgeschlechtliche Orientierung unterhalten und austauschen zu können. Werden sie in solchen Gesprächen jedoch nicht vorbehaltlos akzeptiert, abgelehnt oder sogar nicht ernst genommen, so kann dies eine positive Entwicklung hemmen, da gerade in der Situation, in der sich ein Jugendlicher zu öffnen versucht, er doch sehr verletzbar ist. Immer wieder – nicht nur im jugendlichen Alter – sieht sich der gleichgeschlechtlich empfindende Mensch mit der Frage konfrontiert, was er wem wann anvertrauen soll. Natürlich ist dies nach einigen Jahren ein mehr oder weniger automatisierter Prozess, aber dennoch muss oft aktiv entschieden werden, ob man sich öffnet oder eben nicht. Diese Tatsache kann sich entweder belastend auswirken, oder aber man betrachtet die Situation als konstruktive Herausforderung: Von Beginn an werden Lesben und Schwule regelrecht dazu gezwungen, ständig sich selbst und ihr Verhalten in einer von heterosexuellen Standards geprägten Welt zu reflektieren, immer sind sie mit ihrem Anderssein konfrontiert und müssen lernen, ihr Leben in der teilweise schwierigen Welt konstruktiv zu gestalten. (Zu den Chancen des Sichbekennens siehe Kapitel 12.2).

Aktive Hilfe beim Hinaustreten in die Öffentlichkeit bieten spezielle Gruppen und Freizeitangebote für homosexuelle Jugendliche, in denen sie auf Gleichgesinnte treffen und sich mit ihnen austauschen können. Hier erfahren sie, dass sie nicht alleine sind und treffen auf Menschen, die ihnen Vorbild sein können. Dieser Austausch, was Meinungen, Ideen, Gefühle und Lebensstile betrifft, bedingt – mit realen sozialen Erfahrungen – die Entwicklung der Identität. Aus diesem Grund haben die Erfahrungen, die aus dem Umgang mit anderen homosexuellen Menschen resultieren, eine große Bedeutung. Dieses Bedürfnis gleichgeschlechtlich Empfindender darf nicht als bewusste Abschottung missverstanden werden, nicht als ein Sich-Zurückziehen aus der Welt und der sozialen Realität. Der Identität stiftende Faktor muss immer beachtet werden: Außerhalb solcher für Homosexuelle bestimmte Gruppierungen gibt es keine Möglichkeit, sich in seiner Orientierung bestätigt zu sehen. Heterosexuelle Menschen bewegen sich in einer Welt, die ihrer eigenen sexuellen Orientierung entspricht, und bekommen ständig positive Rückmeldung, was ihre sexuelle Identität betrifft. Schwulen und Lesben fehlt diese Erfahrung völlig und zwingt sie regelrecht, sich dafür einen anderen Rahmen in Bezugsgruppen zu schaffen. Gleichgeschlechtlich empfindende Jugendliche haben in der Regel die gleichen Aufgaben, die auch ihre heterosexuellen Altersgenossen bewerkstelligen müssen: Erste sexuelle Beziehungen werden aufgebaut genauso wie ein Freundes- und Bekanntenkreis. Langsam aber sicher erfolgt die Ablösung von der Familie, die einhergeht mit innerpsychischen Umstrukturierungen. Im besten Falle wird dabei das Selbstbild weiter ausdifferenziert und gefestigt. Auch Entscheidungen über den weiteren Lebensweg und die damit zusammenhängenden Lebensentwürfe, sei es in beruflicher oder privater Hinsicht, müssen getroffen werden. Als wünschenswertes Ziel dieser Entwicklung steht am Ende eine Unabhängigkeit, die es ermöglicht, in Beziehungen zu anderen Menschen zu reifen. Dennoch befinden sich Lesben, Schwule und Bisexuelle in einer ganz anderen Ausgangslage und die Schwierigkeiten kommen auf, wie oben erwähnt, weil die innere Orientierung und die sich daraus ergebenden Verhaltensweisen mit den Normen und Werten, die in der Gesellschaft von der Mehrheit unterstützt werden, kollidieren. Gleichgeschlechtlich Empfindende können sich also nicht wie Heterosexuelle an Vorbildern orientieren, sondern müssen sich kritisch mit Negativ-Bildern und Klischeevorstellungen auseinandersetzen. Dazu gehört auch, dass realistische Vorstellungen davon entwickelt werden, wie ein homosexuelles Leben verlaufen kann und welche Möglichkeiten es bietet.

Hauptsächlich die im pädagogischen Bereich Tätigen sehen sich dem belastenden Vorurteil gegenüber, gleichgeschlechtlich empfindende Menschen stellten eine Verführungsgefahr für Kinder und Jugendliche dar. Es fehlt einfach zu oft das Verständnis dafür, dass homosexuelle oder bisexuelle Menschen in Gruppen den Kontakt zu ihresgleichen suchen.

> *»Bisexuelle Heranwachsende und Erwachsene befinden sich in der Phase des eigentlichen Sichbekennen in einer nochmals speziellen Situation: Einerseits sind sie besonders irritiert, weil sie sich sowohl zu gleich- als auch zu gegengeschlechtlichen Partnerinnen und Partnern hingezogen fühlen und sich unter Umständen – heute aber seltener als früher – mit Misstrauen und kritischer Distanz von Seiten ihrer heterosexuellen wie der lesbisch–schwulen Bezugsperson konfrontiert sehen. Andererseits empfinden sie jedoch in dieser Entwicklungsphase ihre ›Andersartigkeit‹ weniger einschneidend als Lesben und Schwule, da sie aufgrund der ihre Entwicklung stark prägenden heterosexuellen Umgebung im allgemeinen das heterosexuelle Begehren zunächst stärker erleben und sich dementsprechend in dieser Phase vermehrt gegengeschlechtlichen Partnerinnen und Partnern zuwenden. Erst im Verlauf der weiteren Entwicklung tritt dann das gleichgeschlechtliche Begehren deutlicher hervor und zwingt die Betreffenden, sich auch mit dieser Seite ihrer Identität auseinanderzusetzen.«*[3]

Der größere Teil aller gleichgeschlechtlich Empfindenden vollzieht diesen Prozess – nach einer Umfrage von Biechele aus dem Jahre 2001, nach der das Sichbekennen heute zumeist zwischen dem 14. und 20. Lebensjahr stattfindet – also in der Pubertät. Trotzdem darf nicht vergessen werden, dass es auch in der älteren Generation Menschen gibt, die ihre sexuelle Orientierung jahrelang aus Angst vor den Reaktionen der Umwelt versteckten und sich jetzt bekennen wollen. Ein Unterfangen, das sich, je länger es verschoben wurde, immer schwieriger gestalten wird, da die Betreffenden unter massivem Druck stehen. Die Angst, den entscheidenden Schritt zu wagen, wird immer größer. Das Sichbekennen – egal in welchem Lebensalter es vollzogen wird – stellt also eine immense emotionale Herausforderung dar und ist mit der Überwindung von mitunter Schwierigkeiten und Konflikten verbunden. In diesem Sinne stellt ein Selbstbekennungs-Prozess eine massive psychische Leistung dar.

Zerrissen

Pass dich an!
Verlangt die Gesellschaft.
Denk an die Moral!
Ertönt's aus der Verwandtschaft.
So musst du sein!
Erläutert die Medienlandschaft.
Schwierig für mich!
Erwidere ich.
Oft heimlich ersehntes Ziel.
Denn Anpassung hilft so viel.
Nicht nachgedacht.
Sich's leichtgemacht.
Und immer weiter
auf der Erfolgsleiter.
Immer weiter...

Augen zu –
Verführung, Provokation
lasst mich in Ruh!
Wie alle sein!
Erlösung von Kummer und Pein?
Speziell sein will ich?
Oder nicht?!
Was sagt dir mein Gesicht,
wenn ich mich so alleine fühl
in all dem Gewühl?
Wie soll ich sein
damit ich richtig bin?
Sinn, wo bist du hin?
Fragen, Fragen, Fragen!
Nicht mehr zu ertragen.

9.3 Die Integrationsphase

Diese Phase zeichnet sich dadurch aus, dass in den Beziehungen nun körperlich-sexuelle und emotionale Aspekte gleichermaßen von Bedeutung sind. Lesben, Schwule und Bisexuelle suchen in den Begegnungen mit Partnerinnen und Partnern nicht nur die sexuelle Erfüllung. Umgekehrt sind es auch nicht mehr die Zustände schwärmerischer, die reale Nähe des geliebten Menschen ängstlich meidender Verliebtheit. Es kommt in dieser Phase vielmehr zu einer ganzheitlichen, personalen Beziehung, die körperliche und seelische Aspekte gleichermaßen umfasst und dadurch, dass die Partnerinnen bzw. Partner sich nun auch in der Öffentlichkeit als Paar präsentieren, eine andere soziale Realität erhält als die früheren, in der Regel nach außen nicht sichtbar gewordenen Beziehungen. Es liegt auf der Hand, dass derartige ganzheitliche Beziehungen eine große emotionale Intensität erreichen und eine wesentliche Nähe mit sich bringen. Genau wie heterosexuelle Paare müssen auch homosexuelle Partnerinnen und Partner in ihrer Beziehung das Verhältnis aus Nähe und Distanz regulieren lernen. Sie müssen in der Lage sein, ein Regelwerk – z.B. im Bezug auf die Treue – für die Partnerschaft aufzustellen, das beide Partner akzeptieren können. Homosexuellen Paaren begegnen auf ihrem Weg allerdings viele Herausforderungen und auch Schwierigkeiten, die spezifisch für gleichgeschlechtliche Partnerschaften Bedeutung haben. Tritt ein homosexuelles Paar heraus in die Öffentlichkeit, so lässt sich die in einer Beziehung gelebte reale Liebe zu einer Person des eigenen Geschlechts von den Familienmitgliedern nur noch schwer verdrängen. Auch das Argument, die »Schwärmereien« vergingen wieder, da es sich nur um eine »Phase« handle, wird mit einem Mal entkräftigt. Das Sichbekennen in einer mehr oder minder breiten Öffentlichkeit ist immer ein Risiko und kann sowohl positive als auch negative Folgen haben: Entweder es kommt ob dieser Konfrontation mit der Realität zu massiven Konflikten, oder die Familie hört auf, gegen die sexuellen Präferenzen ihres Kindes anzukämpfen. Oft wird dies vor allem dadurch begünstigt, dass sich der Partner oder die Partnerin als liebenswerter Mensch präsentiert.

Hat man die erste Hürde genommen und sich erfolgreich im Kreise der Familie behauptet, so stellt sich die Frage, wie man im weiteren privaten und beruflichen Umfeld vorgehen will: Soll man auf heterosexistische Botschaften des Gegenübers reagieren und herausstellen, dass man eben dem geäußerten Vorurteil nicht entspricht und sich somit zu einem wichtigen Teil seiner Persönlichkeit bekennen, oder soll man die Bemerkung überhören, und die Verletzung der sexuellen Integrität einfach wegstekken? Vor allem am Arbeitsplatz, wo Hierarchien aufgestellt werden und man sich in einem Abhängigkeitsverhältnis befindet, muss jedes Wort gut überlegt werden. Auch in religiösem Umfeld handelt es sich um eine Gratwanderung. Der Umgang mit der Thematik kann in jedem Falle als schwierig betrachtet werden, wobei man beachten muss, dass Menschen, von denen man sagen kann, dass sie in der Integrationsphase angekommen sind, zumeist psychisch so stabil sind und in ihrer Selbstakzeptanz so weit gefestigt, dass mit den auftretenden Problemen konstruktiv umgegangen werden kann. Zusätzlich kann eine gesunde Partnerschaft als Stütze fungieren, mit deren Hilfe es möglich ist, schwierige Situationen gemeinsam zu meistern. Andererseits muss man auch die Möglichkeit in Betracht ziehen, dass gerade solche Konflikte auch eine Belastung für die Beziehung darstellen. Homosexuelle Paare sind auf gesellschaftlicher Ebene auf sich alleine gestellt, während heterosexuelle Paare von Seiten des Staates und von kirchlichen Institutionen Sicherung und Anerkennung bekommen, die sie als Paar begreifen, nicht als zwei Individuen. Obwohl gleichgeschlechtlichen Paaren also in den meisten Fällen mehr Hindernisse in den Weg gelegt werden, so zeigen vergleichende Studien an gleich- und gegengeschlechtlichen Paaren, dass die Zufriedenheit in lesbischen und schwulen Beziehungen oft größer ist und es dort den Respekt und eine moderne Rollenverteilung gibt, Aspekte, an denen es in heterosexuellen Ehen oft mangelt.

Noch schwerer ist der Selbstkennungsprozess jedoch für Homosexuelle oder Bisexuelle, die erst im reiferen Alter spüren, dass sie sich (auch) zu Menschen des gleichen Geschlechts hingezogen fühlen. Viele sind zu diesem Zeitpunkt schon verheiratet und haben vielleicht sogar Kinder. Sie sind emotional und eventuell finanziell an den jeweiligen Partner gebunden, Aspekte, die einen Ausbruch aus der gewohnten Lebenswelt natürlich ungemein erschweren. Insbesondere bisexuell empfindende Menschen irritiert es, dass sie sich erotisch-sexuell plötzlich zu beiden Geschlechtern hingezogen fühlen. Das Auffinden einer eigenen Identität wird so erschwert, dass sie plötzlich komplett in Frage gestellt zu sein scheint. Ein weiteres Problem stellt nicht nur die Auseinandersetzung mit dem Ehepartner dar, sondern besteht auch darin, dass Bisexuelle von Homosexuellen oft nicht als Lebenspartner gewünscht werden, da jenen gegenüber ein großes Misstrauen herrscht. Die Anzahl von Beziehungsabbrüchen und die Bereitschaft neue Partnerschaften einzugehen, ist bei homosexuellen Paaren tendenziell höher. Warum das so ist, ist nicht einfach zu erklären. Es gibt mehrere mögliche Ursachen dafür: Eine könnte in der nicht zufrieden stellenden rechtlichen Lage in Deutschland liegen, auch, wenn homosexuelle Partnerschaften juristische Absicherung finden, fehlt doch die gesellschaftliche Akzeptanz.

Des Weiteren mangelt es an positiven Modellen gleichgeschlechtlicher Lebensentwürfe. Interessant zu beobachten ist, dass lesbische Beziehungen über Jahre hinweg dem Ideal der Monogamie folgen, während in schwulen Partnerschaften oft zwar eine tiefe emotionale Bindung zu dem jeweiligen Partner besteht, sexuelle Bedürfnisse aber nicht selten außerhalb der Beziehung befriedigt werden, was die eigentliche Beziehung jedoch nicht gefährdet. Es gibt also einen Unterschied im Beziehungsmuster zwischen Lesben und Schwulen. Man kann dies allerdings genauso gut auf heterosexuelle Beziehungen übertragen: Auch hier neigen eher die Männer zur Nebenbeziehung, auch Seitensprung genannt, und Frauen legen Wert auf verlässliche Beziehungen. Die unterschiedliche Sozialisation von Frauen und Männern kann auch in diesem Fall als Erklärung angegeben werden.

> *»Während Frauen, unabhängig von ihrer sexuellen Orientierung, in unserer Gesellschaft nach wie vor auf das Ideal der Monogamie hin erzogen werden, gilt es für Männer keineswegs als anstößig – ja oft geradezu als ›Gütezeichen‹ ihrer Männlichkeit – verschiedene sexuelle Beziehungen einzugehen. Bei der Diskussion der gleichgeschlechtlichen Partnerschaften stellt sich allerdings die Frage, ob es überhaupt sinnvoll und legitim ist, diese Beziehungen am Ideal der monogamen, lebenslang bestehenden heterosexuellen Ehe zu messen – und dies in einer Zeit, bei der die Scheidungsrate bei über 50 % liegt, jede dritte Familie eine Eineltern-Familie ist und die auf eine bestimmte Lebensspanne beschränkte Partnerschaft auch in der heterosexuellen Gesellschaft weit verbreitet ist.«* [4]

Die Fragen, die sich geradezu aufdrängen, betrachtet man die oben geschilderte Situation partnerschaftlicher Beziehungen als gegeben, sind folgende:

> *»Könnten nicht Lesben und Schwule geradezu eine Avantgarde neuer, kreativer Beziehungsgestaltungen sein, die auch für heterosexuelle Paare wegwei-*

send sein könnten? Die egalitäre Rollenverteilung, das partnerschaftliche Aushandeln der beidseitigen Rechte und Pflichten, die große Sensibilität für eine ausgewogene Nähe-Distanz-Regulierung und die Beachtung der Autonomie der beiden Partner, dies alles stellt charakteristische Merkmale der gleichgeschlechtlichen Partnerschaften dar und könnte, wenn es ähnlich in heterosexuellen Beziehungen verwirklicht würde, dazu führen, dass auch gegengeschlechtlich empfindende Frauen und Männer eine wesentlich größere Zufriedenheit in ihren Ehen und nichtehelichen Partnerschaften erlebten.« [5]

Zur Integrationsphase gehört schließlich auch die Auseinandersetzung von Lesben, Schwulen und Bisexuellen mit dem fortschreitenden Alterungsprozess und seinen Konsequenzen. Sie werden in vielen Bereichen mit denselben Fragen konfrontiert wie heterosexuelle Frauen und Männer:

»Mit demAusscheiden aus dem Erwerbsleben, mit der Adaption an den veränderten Lebensrhythmus, mit den sich verändernden körperlichen und psychischen Prozessen sowie mit Krankheit und Tod müssen sich auch gleichgeschlechtliche Paare beschäftigen. Auf der anderen Seite wird mitunter die Einsamkeit des gleichgeschlechtlich empfindenden Menschen in einer stark von heterosexuellen Vorstellungen bestimmten Welt im Alter besonders schmerzlich spürbar. Diese Einsamkeit ist im schwulen Bereich zum einen durch die oft bis zum Kult stilisierte Bedeutung der Jugendlichkeit und der körperlichen Attraktivität bedingt, ein Phänomen, das sich durchaus auch im heterosexuellen Bereich, hier aber weniger ausgeprägt findet. Zum anderen rührt die mitunter größere Einsamkeit von Lesben und Schwulen im höheren Alter daher, dass es für

sie trotz der heute bestehenden größeren Akzeptanz der Homosexualität äußerst schwierig, wenn nicht in der Regel sogar unmöglich ist in Alten- und Pflegeheimen offen lesbisch oder schwul zu leben oder eine gleichgeschlechtliche Partnerschaft zu pflegen. Nur vereinzelt bestehen bisher Wohnprojekte für Lesben und Schwule im höheren Lebensalter (so in Amsterdam) oder aber befinden sich in Planung.« [6]

Nur, wenn von der Mehrheit der heterosexuell lebenden Menschen wahrgenommen und akzeptiert wird, dass sich die Wünsche und Ängste Homosexueller und Bisexueller oft gar nicht von denen Heterosexueller unterscheiden, kann eine Sensibilisierung für die Thematik erreicht werden, die wiederum die Grundlage für Veränderungen bildet.

1 Rauchfleisch, Udo: Gleich und doch anders, 35f
2 a.a.O., S.41f
3 www.uni-oldenburg.de; 18.06.06
4 www.frauenbund.ch; 18.06.06
5 a.a.O.
6 Rauchfleisch, Udo: Gleich und doch anders, 53f; www.lesbischleben.de, 18.06.06

10 Betroffene kommen zu Wort

»Michael ist 21. Zwischen seinem inneren und äußeren Sichbekennen liegen vier Jahre. Dass er ›in die andere Richtung tendiert‹, wusste er mit 13. ›Ich fand die Backstreet Boys toll, und an der Musik lag das nicht.‹ Das Schlüsselerlebnis für sein äußeres Sichbekennen vor einer Person seines Vertrauens war ein Junge aus der Schul-Big-Band, in den er sich verliebt hatte. ›Solche Gefühle müssen etwas heißen.‹ Mit 17 Jahren offenbarte er sich einer sehr guten Freundin. ›Sie hat mich gelöchert, bis sie selbst darauf gekommen ist. Ich habe es nicht über die Lippen gebracht.‹ Michael fühlte sich damals zittrig und unwohl, ›weil es jetzt nicht mehr nur in mir drin war. Wenn sie es weitersagen würde, wäre es nicht mehr zu stoppen.‹ Die Freundin reagierte locker, interessierte sich. ›Das war die beste Erfahrung bisher‹, meint Michael. In der Schule haben die meisten geahnt, dass er schwul ist. Wer ihn danach fragte, dem sagte er es. ›Durch die fortlaufend guten Erfahrungen hat sich mein Selbstbewusstsein gesteigert. Es hat geholfen, selbstverständlich damit umzugehen.‹ Sogar der heterosexuelle Junge, in den er damals verliebt war, hat sich nicht von ihm abgewandt, als Michael ihm seine Liebe gestand. ›Vielleicht hatte ich besonderes Glück‹, meint er. ›Ich kenne auch andere Geschichten.‹« [1]

»›Ich wünsche mir, daß meine Eltern mehr Vertrauen in das haben, was ich mache. Ich wünsche mir, daß sie nicht gekünstelt reagieren, sondern ehrlich mit der Situation umgehen. Sie sollen nicht versu-

*chen, mein Lesbischsein als selbstverständlich gelten zu lassen, weil ich weiß, daß das nicht so ist.‹
Tochter, 19*

*›So sagte einmal eine Nachbarin zu mir: ›Also, ich kann mir gar nicht vorstellen, was zwei Frauen im Bett treiben!‹ Darauf sagte ich nur: ›Ich kann mir auch gar nicht vorstellen, was Sie mit Ihrem Mann im Bett treiben!‹ Erst sah sie mich konsterniert an, dann musste sie lachen: ›Ja‹, gab sie zu, ›das geht eigentlich niemanden etwas an.‹
Mutter, 48 Jahre*

*›Wenn wir über die Homosexualität unserer Tochter oder unseres Sohnes wütend oder traurig sind, hat das was mit unseren eigenen unerfüllten Wünschen zu tun, die unsere Kinder für uns erfüllen sollen. Da machen sie uns einen Strich durch die Rechnung. Und nun müssen wir uns mit uns selbst auseinandersetzen, vielleicht auch mit unserer eigenen Sexualität. Das ist nicht angenehm.‹
Mutter, 55 Jahre«*[2]

*»›Allmählich habe ich gemerkt, daß ich irgendwie anders war als die meisten Jungen in meiner Klasse. Nach ihren Erzählungen hatten sie schon unheimlich dufte Sachen mit Mädchen gemacht, und die Mehrheit hatte eine Freundin. Als ein Schulfreund mal bei mir zu Besuch war und er von irgendwelchen Knuddeleien mit einem Mädchen erzählte, fühlte ich mich total beschissen. Er redete von Mädchen, großen Busen und so, und lag neben ihm und hätte nicht lieber getan, als ihn anzufassen und ihn zu streicheln. Aber die Angst und Unsicherheit war natürlich zu groß, als daß ich es auch nur versucht hätte. In der nächsten Zeit war ich ziemlich down, weil ich mir darüber klar war, was mit mir los ist.‹
Peter B., 21«*[3]

»›Es war eine Zeit der ewigen Verwirrung und der Angst. Was wollte ich? Frauen? Männer? Beides? War ich tagsüber in der Schule abgelenkt, machte ich mir keine Gedanken. Die Gedanken überfielen mich, wenn ich alleine war, nachts im Bett z.B. und hielten mich vom Schlafen ab. Diese Unsicherheit im Bezug auf meine sexuelle Orientierung übertrug sich auch auf mein restliches Leben: Ich war nervös, fühlte mich regelrecht ›außerirdisch‹, war nicht belastbar, fing oft ›grundlos‹ an zu weinen, war fürchterlich unzufrieden mit mir selbst und wusste gar nicht genau, woher dieses Gefühl kam. Ich war in der Schule sehr ehrgeizig, vielleicht versuchte ich zu kompensieren. Eine lange Zeit definierte ich mich über Schulnoten. Dann überfuhr mich meine erste Freundin wie eine Dampfwalze, rauschte in mein Leben wie ein Zugunglück und stellte alles auf den Kopf: Ich stürzte mich Hals über Kopf in eine heimliche Beziehung mit ihr, die nach wenigen Monaten zerbrach, weil sie mich verließ. Ich hatte mich bei meinen Eltern geoutet, die alles in allem positiv regierten (Mit den üblichen Sätzen: »Das ist nur eine Phase!« und dann »Was haben wir nur falsch gemacht?«) und als meine Freundin mich verlassen hatte, brach für mich unsicheres Nervenbündel die Welt zusammen: Ich litt, fühlte mich unverstanden und allein, fühlte mich verraten und war zutiefst verletzt. Diese Gefühle, die bisher für mich das Schlimmste waren, was ich erlebt habe, hielten über ein Dreivierteljahr an und beruhigten sich langsam aber sicher. Ich erinnere mich noch gut an den Morgen an dem SIE nicht mehr mein erster Gedanke beim Aufwachen war, sondern nur noch der Zweite. Dies wertete ich schon als Fortschritt. Jetzt bin ich mir zwar immer noch nicht wirklich sicher, natürlich überfallen mich ständig Zweifel und Ängste und belasten mich noch immer – aber ich glau-

*be, ich bin innerlich schon einen Schritt weiter. Ich bin viel zu trotzig um mich unterkriegen zu lassen. Ich bin langsam auf dem Weg. Zu mir selbst. Und gespannt, herauszu*finden, wer das ist. Es wird noch dauern. Monate, Jahre. Aber ich werde mich hoffentlich finden.‹
Laura, 20 Jahre«[4]

---

1 Schmidt, Dorothee: Die Angst vor dem Satz: »Ich bin schwul.«, in: Süddeutsche Zeitung, 26.07.2005

2 www.sozialnetz.de/homo/dokument/Elternbroschuere.pdf; 12.05.06

3 BZgA-Broschüre 2004: »Heterosexuell? Homosexuell?«, Köln

4 a.a.O., 13f

11

Die Schwierigkeit Frau und Lesbe zu sein

»Die geringe Sichtbarkeit von Lesben ist die Potenzierung der geringen Sichtbarkeit von Frauen.« [1]

Ein Mädchen wird von Anfang an, sei es im Kindergarten, in der Schule oder im Elternhaus darauf vorbereitet, irgendwann in seinem Leben einmal mit Männern zu leben, im besten Falle zu heiraten und Kinder zu bekommen. Zwar hat die von diversen Frauenbewegungen initiierte Emanzipation und der damit verbundene Gleichberechtigungsanspruch über die Jahre hinweg Früchte getragen, aber die Tendenz bleibt bestehen, denn Sozialisierung und Tradition ändern sich nur langsam. Informationen, die ein heranwachsendes Mädchen zu Rate ziehen könnte, um einen alternativen, eigenen Lebensentwurf in Erwägung zu ziehen, existieren praktisch nicht. Vor allem nicht auf dem Land. In den großen Städten, wo verschiedene Kulturen, Interessen und Lebenseinstellungen zusammenkommen, sieht man die Sache zumeist ein wenig gelassener. Dennoch kann gesagt werden, dass eine Frau, die sich der Ehe verweigert, immer noch als moralisch fragwürdig eingeschätzt wird. Dieser Widerstand und die innere Unabhängigkeit gegenüber den gesellschaftlichen Werten kollidieren absolut mit dem üblichen Frauenbild, auf das junge Mädchen hin erzogen werden. Lange Zeit konnte in diesem Kulturkreis nur die mit einem Mann verheiratete Frau ernstgenommen werden, wie ein kurzer Blick in die Geschichte der Sprache beweist: Eine ledige Frau war lange Zeit ein Fräulein, wurde also in der Verkleinerungs- oder Verniedlichungsform angesprochen. Dadurch wurde sie, kurz gesagt, zu einem Neutrum, einem Niemand. Gleichzeitig symbolisierte der Ausdruck eine Geschlechtslosigkeit, eine fehlende Sexualität, die erst in der Ehe mit dem Mann vervollständigt werde. Erst durch eine Heirat wurde sie zur »Frau«. Lesbische Frauen gelten somit in der logischen Schlussfolgerung ihr ganzes Leben lang als unvollständig in ihrer Sexualität und ihrer Persönlichkeit. Dem »Fräulein« war es unmöglich sich diese Anrede zu verbitten, sie hatte keine rechtliche Handhabe. Der Mann hingegen, war immer schon ein »Mann«, niemand wäre auf die Idee gekommen, ihn mit dem Titel »Männlein« zu belegen. Die lesbische Frau, die in der Regel nicht verheiratet ist, erfährt in der Gesellschaft eine Diskriminierung nicht nur als Lesbe, sondern auch als Frau, selbst wenn sich inzwischen mit der bereits kurz erwähnten Emanzipationsbewegung schon einiges getan hat, um die Situation der (lesbischen) Frau in der Gesellschaft zu verbessern. Frei denkende, unabhängige Frauen und vor allem homosexuelle Frauen, die den schwierigen Prozess des Sichbekennens durchstehen und sich gegen die Sanktionen der Gesellschaft behaupten, kommen automatisch in eine soziale Rolle, die dem Frauenstereotyp widerspricht. Sie brechen aus den ihr zugedachten sozialen Rollen aus. Verheiratete Frauen in kinderlosen Ehen oder nicht-registrierten Partnerschaften tun das zwar auch, aber sie leben mit Männern zusammen und entfernen sich somit nicht so weit vom vorgegebenen Schema. In einer patriarchalischen Gesellschaft steht die gegen den Strom schwimmende kinder- und mannlose Lesbe ziemlich machtlos und alleine dar.

Es gibt unterschiedliche Möglichkeiten, wie eine lesbische Frau mit ihrer sexuellen Orientierung umgehen kann. Die zwei Extreme sollen hier kurz beleuchtet werden: Eine Frau, die Frauen liebt, kann dies auch im Konsens mit der Gesellschaft tun, in der sie lebt. Sie möchte die patriarchalische Gesellschaft eigentlich gar nicht in Frage stellen und verbirgt ihr Lesbischsein vor ihr, da sie es als Privatsache betrachtet. Auf der anderen Seite stehen jene Lesben, welche die Werte und Normen der Gesellschaft explizit kritisieren und mit ihrem Auftreten bewusst einen Affront bilden gegen alles, was diese sozialen Strukturen ausmacht. Je weniger Selbstvertrauen eine Person hat, umso schwerer wird sie mit einer Außenseiterrolle fertig. Je stärker eine Person eigene Bedürfnisse wahrnimmt und auch zulassen kann, umso leichter wird es ihr fallen, sich ihre Wünsche zu erfüllen. Hierin besteht ein großer Unterschied im Hinblick auf die Geschlechter: Männer und Frauen haben eine unterschiedliche Sozialisation erlebt und Männern wurde von jeher die Befriedigung ihrer sexuellen Wünsche und Bedürfnisse zugestanden. Frauen dagegen wird ein solches sexuelles Ausleben ihrer Fantasien schlichtweg abgesprochen. Immer noch kann man Sprüche der Art »Sex ist für Frauen nicht so wichtig« oder »Frauen können sich besser beherrschen« vernehmen, auch in der jüngeren Generation. Dies zeigt, wie fest manche Bilder in den Köpfen der Menschen noch immer verankert sind. Auch sind es Frauen, die in der Regel in sozialen Berufen tätig sind, Männern wird oft von Vorneherein das Geschick für einen solchen Beruf abgesprochen. Die Behauptung, Lesben hätten weniger Probleme mit ihrem Sichbekennen als Schwule, weil sich niemand etwas Schlimmes dabei denke, wenn Frauen untereinander zärtlich sind, enthält eine doppelte Diskriminierung. Nicht nur, dass der Aspekt weiblicher Zärtlichkeit nicht wahrgenommen und wenn doch, dann als minderwertiger deklassiert wird, nein, weibliche Zärtlichkeit wird zudem lediglich als Echo auf männliche Bedürfnisse betrachtet. Dieses Negieren weiblicher Bedürfnisse lesbischen Frauen als Vorteil zu präsentieren, ist die zweite Diskriminierung. Wer lesbisch lebt, lebt oft ein unsichtbares Schattendasein. In den Statistiken taucht die homosexuelle Lebensform zumeist nicht auf, die Tabuisierung ist immer noch zu groß. So verstecken sich lesbische Beziehungen hinter den Begriffen »alleinstehend« oder auch »alleinerziehend«. Diese Bezeichnungen zeigen deutlich, dass ausschließlich Heterosexualität Kriterium der Bewertung von Lebensformen war und ist. Die lesbische Frau wurde geraume Zeit mit der lange belächelten Emanzipationsbewegung in Verbindung gebracht, sie wurden charakterisiert als »Männer hassend« und den eigentlichen Emanzen wurde vorgeworfen, sie seien in Wahrheit lesbisch Eine solche Interpretation geht nicht nur an der Wahrheit vorbei, sondern sie negiert gleichzeitig die berechtigten Anliegen auf Gleichberechtigung und auf ein freies Leben in der eigenen sexuellen Orientierung.

Möglicherweise hat diese Verbindung von weiblicher Homosexualität und weiblicher Emanzipation zusammen mit vielen anderen Faktoren, wie z.B. der generell geringer eingestuften Wichtigkeit der Frau dazu geführt, dass lesbische Frauen im Gegensatz zu schwulen Männern, kaum wahrgenommen werden. Es gibt einige Beispiele, um diese These zu untermauern: Die neue Lebenspartnerschaft, die gesetzmäßig in einigen Ländern eingeführt wurde, wird gemeinhin als »Schwulenehe« bezeichnet, und Paraden wie der Christopher Street Day werden in den Medien als »Schwulendemo« dargestellt. All dies begünstigt das Aufkommen von Homophobie, sowohl bei der Gesellschaft, die sich mit der lesbischen Frau gar nicht befassen muss, als auch bei den Lesben selbst. Die lesbische Frau bleibt rätselhaft und damit unheimlich. Während schwule Männer bei vielen heterosexuellen Frauen als bester Freund beispielsweise sehr beliebt sind, gilt für viele lesbische Frauen bei heterosexuellen Männern das Gegenteil. Die lesbische Frau macht sich nicht attraktiv für die Männerwelt und ist somit kein Sexualobjekt, keine ernsthafte Projektionsfläche für sexuelle Wünsche. Bei Männern stößt sie oftmals entweder auf Ablehnung oder auf ein lüsternes Interesse, das eher geneigt ist, die lesbische Frau zu erniedrigen oder zu beleidigen. Gut gebildete, erfolgreiche lesbische Frauen werden von Männern als Konkurrenz empfunden und die Homosexualität dient in vielen Fällen dazu, die Kollegin und Konkurrentin zu diffamieren. Auch lesbische Frauen leiden unter den Problemen, die alle Frauen zu bewältigen haben: Sie verfügen über weniger gesellschaftliche Netzwerke und über ein durchschnittlich geringeres Gehalt. In jeder größeren Stadt gibt es genügend Möglichkeiten für schwule Männer Gleichgesinnte zu finden, es gibt ein großes Angebot an einschlägigen Bars, Diskotheken etc. Veranstaltungen oder Treffpunkte, die explizit auf die lesbische Frau zugeschnitten sind, sind da schon schwerer zu finden. Dies wirkt sich gerade für sehr junge Lesben, die noch nach Identifikationsmodellen suchen, sehr nachteilig aus. Besteht jedoch eine lesbische Gemeinschaft, so ist diese oftmals zu klein. Lesben haben somit nicht die gleiche Möglichkeit wie Heterosexuelle oder Schwule, sich innerhalb ihrer sexuellen Orientierung einer ihnen entsprechenden Clique anzuschließen. Egal ob sie ihr Lesbischsein als Privatsache oder als ein gewisses politisches Engagement definieren, müssen alle Lesben früher oder später einen eigenen Lebensstil entwickeln. Sie müssen sich selbst versorgen und einen Weg finden, um in einer Gesellschaft, die ihnen noch immer so feindselig oder ignorant gegenübersteht, zu (über)leben. Lesben werden sich vielleicht nur dadurch akzeptieren können, dass sie die geschlechtsspezifische Sozialisation sowie das Frauenbild unserer Gesellschaft hinterfragen und im Zusammenhang mit dem patriarchalischen System sehen können.

1 Sillge, Ursula: Unsichtbare Frauen, 23

»Wenn Michelangelo heterosexuell gewesen wäre, hätte er die Sixtinische Kapelle mit einer Rolle Weiß angestrichen.«

RITA MAE BROWN

12 Homosexualität und soziale Kompetenz

Auch wenn der Gegenstand dieser Seminararbeit schon von selbst die Assoziation zum Thema Sozialkompetenz und zu innerpsychischen Vorgängen in Menschen hervorruft und in einigen Kapiteln (z.B. Heterosexismus und Homophobie, siehe Kapitel 8.1) die (mangelnden) sozialen Kompetenzen der heterosexuellen Umwelt indirekt herauslesbar sind, so soll in diesem Kapitel explizit auf die Frage eingegangen werden, ob sich ein direkter Bezug von der Homosexualität auf die soziale Kompetenz eines Menschen herstellen lässt, also ob Homosexuelle aufgrund ihrer sexuellen Orientierung eine höhere oder niedrigere Sozialkompetenz aufweisen als ihre heterosexuellen Mitmenschen.

»Soziale[1] Kompetenz bezeichnet den Komplex all der persönlichen Fähigkeiten und Einstellungen, die dazu beitragen, individuelle Handlungsziele mit den Einstellungen und Werten einer Gruppe zu verknüpfen und in diesem Sinne auch das Verhalten und die Einstellungen von Mitmenschen zu beeinflussen. Soziale Kompetenz bezeichnet somit die Gesamtheit der Fertigkeiten, die für die soziale Interaktion nützlich oder notwendig sind. Ein Kernelement sozial kompetenten Handelns besteht demnach im Ausbalancieren von eigenen und fremden Interessen, Ansprüchen und Standpunkten, d.h. es geht jeweils um eine Positionsbestimmung zwischen sozialer Anpassung und Selbstbehauptung/- verwirklichung. Allgemein zählen zur Sozialen Kompetenz folgende Kenntnisse und Fähigkei-

ten: Empathie[2], Kritikfähigkeit, sich entschuldigen können, Schwächen eingestehen, Selbstdisziplin, Toleranz, Sprachkompetenz, Teamfähigkeit, Kooperation, Konfliktfähigkeit, Kommunikationsfähigkeit, Verantwortungsbewusstsein, Gefühle offen zeigen, Komplimente akzeptieren, Selbstbewusstsein, Engagement, Durchsetzungsvermögen, Flexibilität und die Emotionale Intelligenz.«[3]

Verkörpern nun Homosexuelle in stärkerem Ausmaß diese oben genannten Fähigkeiten als Heterosexuelle? Können Schwule ihre Gefühle offener zeigen und sich besser in ihre Mitmenschen einfühlen als ihre heterosexuellen Geschlechtsgenossen? Sind Homosexuelle toleranter anderen Mitmenschen gegenüber, weil gerade sie als Minderheit immer wieder erfahren müssen, was es heißt, auf eine intolerante Umwelt zu stoßen? Haben Lesben, weil sie oftmals auf sich alleine gestellt sind, ein höheres Durchsetzungsvermögen und ein größeres Verantwortungsbewusstsein als Heterofrauen? Diese Fragen können nicht pauschal beantwortet werden. Soziale Kompetenz – so weit soll den nächsten zwei Unterkapiteln schon vorgegriffen werden – ist nicht von der sexuellen Orientierung abhängig. Dies zu behaupten, würde dem vielfältigen, persönlichen Entwicklungsprozess, den alle Menschen unabhängig von ihren sexuellen Präferenzen durchmachen und den Erfahrungen, die ein Individuum im Laufe seines Lebens sammelt und aus denen es schöpft, nicht gerecht. Allerdings gibt es gerade in der Entwicklung von Menschen, die eine homosexuelle Identität ausbilden, Faktoren, welche die Entwicklung einer hohen sozialen Kompetenz entweder begünstigen oder gefährden. Dies wird im Wesentlichen durch den Umgang mit dem Sichbekennen im Allgemeinen bestimmt: Im Folgenden wird erläutert, wie sich das Verheimlichen der sexuellen Orientierung auf den Betroffenen und seine soziale Kompetenz auswirkt, wenn kein Sichbekennen stattfindet. Des Weiteren wird erklärt, welche persönlichen Chancen ein Sichbekennen mit sich bringen kann, sowohl für den Betroffenen selbst, als auch für die Umgebung.

12.1 Risiken eines Verdrängens bzw. Verheimlichens der sexuellen Orientierung

Ein Jugendlicher, der irgendwann bei sich eine homosexuelle Orientierung feststellt und sich mitten im Selbstbekennungs-Prozess befindet, wird mit sämtlichen Vorurteilen über Homosexuelle konfrontiert. Es muss eine Auseinandersetzung mit all den negativen Klischeebildern erfolgen, die keine Identifikationsgrundlage sein können. Des Weiteren muss befürchtet werden, dass er so entartet wahrgenommen wird, wie der Stereotyp es vorgibt. Verinnerlichte soziale Vorurteile äußern sich in Unsicherheiten und Ängsten vor Liebesverlust, was oft zu Schuldgefühlen, mangelndem Selbstwertgefühl und Gewissenskonflikten führt. An dieser Identitätskrise ist schon mancher gescheitert. Die Homosexualität wird verdrängt bzw. vor der Umwelt verheimlicht. Ein anstrengendes Doppelleben, in dem das Lügengerüst immer umfangreicher werden muss, kann die Konsequenz sein. Wer in einer festen Partnerschaft lebt und gleichzeitig seine Neigung verleugnet, muss mit großen Beziehungsschwierigkeiten rechnen, da sich der regelrecht versteckte Partner herabgewertet fühlen kann. Andere Homosexuelle behaupten einfach vor sich selbst, sie hätten gar keine Sexualität und verbannen sie so völlig aus ihrem Leben. Die Unterdrückung der eigenen Sexualität kann erhebliche Schwierigkeiten nach sich ziehen, denn die menschliche Sexualität und deren Auslebung definiert die Persönlichkeit des Menschen immer auf eine spezielle Art und Weise. Wird also ein erheblicher Teil des Lebens einfach ausgeblendet, wird ein Teil des Ichs verleugnet und Depression, Sucht oder Suizid können die Folgen sein. Falls in der Umgebung jemand dann doch etwas vermutet, kann es sein, dass

Homosexuellen nicht etwa geholfen wird, sondern dass sie sogar vermehrter Diskriminierung ausgesetzt werden. Denn durch die Tatsache, dass Homosexuelle ihre Neigungen verheimlichen, nicht zu sich stehen und sich oft selbst als Opfer betrachten, werden sie verwundbar, die Homosexualität entwickelt sich dadurch zu einer angreifbaren Stelle, die von wenig Wohlmeinenden schnell ausgenutzt werden kann. Das schlechte und verzerrte Selbstbild, welches diese jungen Menschen von sich haben, ihr Gefühl, ein Opfer der Umstände zu sein, nicht mehr mit sich zurecht zu kommen und ihre Passivität, die sich zwangsläufig daraus entwickelt, führen zu einer Abnahme am Interesse an der Umwelt (es wird sich nur noch auf sich selbst und auf die eigenen Probleme bezogen), worauf diese in logischer Konsequenz reagiert und irgendwann nicht mehr gewillt ist, die scheinbar grundlose schlechte Laune ihres Mitmenschen zu tolerieren. Der homosexuelle Mensch sieht dies – was in Wahrheit ein Teufelskreis von Kommunikationsproblemen ist – als weitere Bestätigung seiner Wertlosigkeit und Unzulänglichkeit und zieht sich infolgedessen noch mehr zurück. Somit verschlechtert sich die Fähigkeit der sozialen Kompetenz nicht nur bei dem gleichgeschlechtlich Empfindenden selbst, sondern kann unter Umständen auch bei den Menschen in seiner unmittelbaren Umgebung, die von seinem Verhalten betroffen sind und dementsprechend agieren, abnehmen.

12.2 Chancen eines Sichbekennens

Natürlich werden durch eine versteckte Homosexualität auch die schmerzlichen Erfahrungen, dass sich jemand von der gleichgeschlechtlich empfindenden Person zurückzieht, übergangen. Man geht das Risiko nicht ein, von nahe stehenden Menschen, denen man eigentlich vertrauen sollte, Zurückweisung zu erhalten. Allerdings gibt es dann auch keine Chance herauszufinden, ob sich die Eltern, Freunde oder Bekannte nicht vielleicht nach dem ersten Schock doch wieder zuwenden. Je offener und selbstbewusster ein gleichgeschlechtlich Empfindender mit seiner Homosexualität umgeht und je mehr Kontakte er zu Gleichgesinnten hat, umso besser wird es ihm insgesamt gehen. Man könnte nun argumentieren, dass dadurch die Gefahr der offenen Diskriminierung durch andere häufiger und massiver werden könnte. Jedoch strahlen gleichgeschlechtlich Liebende durch einen offenen und selbstbewussten Umgang mit der eigenen Orientierung und dem Wissen um den Rückhalt durch befreundete Homosexuelle eine solche Stärke aus, dass die meisten Leute es nicht wagen, sie anzugreifen.

> *»Während ihres Sichbekennens sind Homosexuelle gezwungen, gründlicher über sich und ihre Beziehung zur Welt nachzudenken. Das ist anstrengend, mitunter traurig, wie im letzten Kapitel festgestellt wurde – aber vor allem eine Chance. Diejenigen, die ihre Umwelt genauer beobachten und die eigenen Fehler, Gefühle und Orientierungen nicht verdrängen, haben bessere Voraussetzungen, sich dazu in Beziehung zu setzen. Diejenigen, welche die Grenzen ihrer Konfliktfähigkeit ausgeschritten haben, erreichen menschliche Reife, und Trauer oder Bitternis verwandeln sich letztendlich in persönliche Souveränität.«* [4]

Wird die eigene sexuelle Orientierung also als Herausforderung, an der man wachsen kann und nicht als Hindernis, an dem man scheitert, betrachtet, begünstigen die dabei aufkommenden Faktoren in jedem Fall eine ausgeprägte Sozialkompetenz, nicht nur bei dem Homosexuellen, sondern auch bei seinem Umfeld, das die Chance hat, eigenes Verhalten und eigene Denkweisen zu überprüfen und den homosexuellen Mitmenschen in seiner Orientierung zu unterstützen.

1 hier: zwischenmenschlich
2 Mitgefühl bzw. Einfühlungsvermögen
3 www.wikipedia.de; 26.05.06
4 a.a.O.

13
Schlusswort

Heute ist der 27. Mai 2006 und die Digitalschrift meines Weckers zeigt 02:26 Uhr. Es ist Vollmond und ich kann mal wieder nicht schlafen. Ich sitze am Computer, der Cursor blinkt. Viele Gedanken gehen mir durch den Kopf – unter anderem die Frage, wie man ein gutes Schlusswort schreibt. Nun, ein halbes Jahr und viele, viele Seiten nachdem ich anfing zu schreiben, habe ich das Gefühl, mich ziemlich gut in die Materie eingearbeitet, eine Menge an neuem Wissen gesammelt und meinen Horizont erweitert zu haben. Insbesondere bestimmte Mechanismen unserer Gesellschaft konnte ich mit Hilfe meiner Arbeit entlarven. Mir ist bewusst, dass ich ohne Probleme auch 100 oder 200 Seiten zu diesem Thema hätte füllen können. Aber irgendwie musste ich mich inhaltlich beschränken, sonst wäre es ins Uferlose ausgeartet. Ich hoffe sehr, dem Anspruch, den ich im Vorwort an mich und meine Seminararbeit gestellt habe, gerecht geworden zu sein.

Was ich mir persönlich wünsche? Dass irgendwann die Utopie wahr wird, dass ein Mensch von der Gesellschaft nicht mehr nur auf seine sexuelle Orientierung reduziert und so beurteilt wird, sondern auf Grund seines Charakters und seiner gesamten Persönlichkeit. Viele Menschen hätten dann vielleicht eher die Chance, sich in der Öffentlichkeit völlig frei zu geben, und nicht mehr das Bedürfnis, sich selbst etikettieren und einordnen zu müssen. Das Gefühl einer diffusen, nicht greifbaren Identität würde so wahrscheinlich verpuffen. Welch unglaubliche Erleichterung!

Literaturverzeichnis und Quellenangaben

Bücher

Belardi, Nando; Hamm, Anne M.: Psychologische Grundlagen: Psychoanalyse, Psychiatrie, Sozialpsychologie und Entwicklungspsychologie. Frankfurt a. M., Berlin, München: Diesterweg, 1980.

Haeberle, E.J.: Die Sexualität des Menschen. Handbuch und Atlas 2., erweiterte Auflage. Berlin: de Gruyter, 1985.

Loulan, JoAnn. et. al. (Hg.): Lesben, Liebe, Leidenschaft. Texte zur feministischen Psychologie. Berlin: Orlanda-Frauenverlag,1992.

Rauchfleisch, U.; Frossard, J.; Waser, G.; Wiesendanger, K.; Roth, W.: Gleich und doch anders. Psychotherapie von Lesben, Schwulen, Bisexuellen und deren Angehörigen. Stuttgart: Klett-Cotta, 2002.

Sillge, Ursula: Unsichtbare Frauen. Berlin: Links,1991.

Broschüren

BZgA-Broschüre 2004: »Heterosexuell? Homosexuell?«. Köln

Zeitungen

Schmidt, Dorothee: Die Angst vor dem Satz: »Ich bin schwul.«, in: Süddeutsche Zeitung, 26.07.2005

Internetseiten

www.gay.alb.de/co/Gerchte.html
www.tu-dresden.de/sulcifra/quebec/publ6.pdf
www.queeramnesty.ch/islam_ourmunich_2002_12.pdf
www.queer.de
http://typo3.lsvd.de/230.0.html
www.wikipedia.de
www.frauenbund.ch/publikationen/publikationen_homo.html
www.paradisi.de
www.schmidtmitdete.de/pdf/mikromakro.pdf
www.lesbischleben.de/infocomingoutgesamt.html
www.voelker-kabarett.de
www.sozialnetz.de/homo/dokument/Elternbroschuere.pdf
www.uni-oldenburg.de
www.publicartvienna.at/downloads/Dossier_morzinplatz_d.pdf.

Hilfsorganisationen und Jugendgruppen

Quietschboys & Girls
(Young Gays, Lesbians and Bis mit Bi-Ansprechpartnerin)
Postfach 10 17 11
D-68017 Mannheim
Treffpunkt:
Quadrat H 7, 16
im Hinterhaus
D-68161 Mannheim
Treffen: Freitags ab 20 Uhr

Uferlos
Treff für junge (Alter ca. 20–40) Lesben, Schwule, Bis, Queers. Jeweils am zweiten Freitag im Monat ab 19h in der Aidshilfe Heidelberg. Lockere Atmosphäre und offen für alle.
Untere Neckarstr. 17
69117 Heidelberg
E-Mail: Heidelberg-Uferlos@gmx.de
www.uferlos.gmxhome.de

Jugendnetzwerk Lambda e.V.
Bundesverband
Ansprechpartnerin: Conny Köllner
Rittergut
99955 Lützensömmern
Telefon/Fax: 03 60 41/4 49 83

Nützliche Seiten im Internet

www.befah.de
Die Seite des Bundesverbands der Eltern, Freunde und Angehörigen von Homosexuellen e.V. Hier findet man Informationen zu allem, was einen bewegt, wenn man zum ersten Mal direkt mit Homosexualität konfrontiert wird und die Adressen lokaler Elterngruppen.

www.bzga.de
Bundeszentrale für gesundheitliche Aufklärung, Beratung und Broschüren.

www.aidshilfe.de
Hier können auch die Anschriften lokaler Aidshilfe-Vereine, Beratung und Broschüren eingesehen werden.

www.homosexualitaet.de
Unter dieser Seite haben sich Schwulen- und Lesbenverbände zusammengeschlossen und informieren ausführlich über das Thema Homosexualität.

www.lesarion.de
Eine Seite speziell für Lesben. Hier gibt es Buchempfehlungen, Chaträume etc. – einfach alles rund um lesbisches Leben.

www.uni–bielefeld.de/IFF/lesben/Diese Seite gehört zu einem Projekt über Lesben der Uni Bielefeld. Es gibt eine Linksammlung, die zu interessanten Seiten im Internet zum Thema Lesben führt.

Biographisches

Elena Fischer, geboren 1987 in Speyer, absolvierte 2007 ihr Abitur mit den Leistungsfächern Politik und Französisch am Carl-Friedrich-Gauß-Gymnasium in Hockenheim. Danach Magisterstudium der Allgemeinen und Vergleichenden Literaturwissenschaft und der Filmwissenschaft an der Johannes-Gutenberg-Universität in Mainz.

2003 Praktikum beim SWR in Mannheim, 2004 erfolgte ein einmonatiger Schüleraustausch nach Mooresville, USA, und ein Jahr später nahm sie an der 9. Young Leaders Akademie mit integriertem Jugend Presse Kongress in Berlin teil.

Zurzeit befindet sie sich im dritten Fachsemester. Dies ist ihre erste Veröffentlichung.

Die Stiftung

Die Dr.-Ing.-Hans-Joachim-Lenz-Stiftung wurde 2002 gegründet und ist eine rechtsfähige öffentliche Stiftung bürgerlichen Rechts mit Sitz in Mainz. Sie verfolgt ausschließlich und unmittelbar gemeinnützige Zwecke.

Die Stiftung fördert durch finanzielle Unterstützung Projekte auf dem Gebiet von Bildung, Erziehung und Sprache mit dem Ziel der Erneuerung geistiger Werte und der Wiederherstellung der Würde des Menschen.

Die Themen der Stiftung sind insbesondere:

1 Förderung von Bildung und Erziehung als Ergänzung zum staatlichen Bildungssystem.

2 Entwicklung und Erprobung von Lehrthemen, Lehrplänen,Unterrichtsformen und -systemen sowie die Evaluation in Erfahrungsberichten.

3 Förderung der Forschung, Weiterbildung und Entfaltung des geistigen Potenzials im Hinblick auf Gemeinschaftssinn, Toleranz und Weltoffenheit im Sinne des Grundgesetzes.

4 Vergabe von Graduierten-Stipendien an Nachwuchswissenschaftler in den Bereichen Philologie, Philosophie und Pädagogik.

5 Förderung von Projekten zur Pflege und Kultivierung der deutschen Sprache.

6 Auslobung eines Stifterpreises, mit dem herausragende wissenschaftliche Arbeiten von Studierenden aus den Fachbereichen Philosophie, Philologie oder Pädagogik ausgezeichnet werden.

Dr.-Ing.-Hans-Joachim-Lenz-Stiftung
Stiftung zur Erneuerung geistiger Werte

Am Michelsberg 1
D-55131 Mainz
Tel. 06131-832255
Fax 06131-85534
www.lenz-stiftung-mainz.de
info@lenz-stiftung-mainz.de

Bundesverband Deutscher Stiftungen

Mitglied des Bundesverbandes Deutscher Stiftungen e.V., Berlin.

EDITION
ERNEUERUNG GEISTIGER WERTE

Dr.-Ing.-Hans-Joachim-Lenz-Stiftung

Die Edition

In der EDITION werden Forschungsergebnisse, Dokumentationen und Schriften publiziert und finanziell gefördert, die den Zielen der Dr.-Ing.-Hans-Joachim-Lenz-Stiftung in Mainz entsprechen.

Band 1 **- Die heilige Stadt**
Eine Vision am Beispiel der Stadt Mainz
von Hans-Joachim Lenz,
56 Seiten, broschiert, € 8,80, ISBN 978-3-938088-00-5

Band 2 **- Am Anfang waren die Werte**
Plädoyer für eine Neuorientierung in der Erziehung von Kindern und Jugendlichen
von Gabriela Wolf
132 Seiten, broschiert, € 13,80, ISBN 978-3-938088-01-2

Band 3 **- Leben ist Spiel**
Eine Ferienwoche als Lebensschule
von Gabriela Wolf mit Christine Bredenhöller, Andrea Heck, Angelika Humann, Margit Kluge, Reinhild Michel, Sonja Wagener, Heidi Wiehr, reich bebildert.
192 Seiten, broschiert, € 25,00, ISBN 978-3-938088-02-9

Band 5 **- Freunde fürs Leben**
Die Körperwelt im Spiel erkunden
Hrsg. Andreas Krause mit A. Heck, A. Humann, G. Wolf
180 Seiten, broschiert, € 15,80, ISBN 978-3-938088-05-0

Band 6 **- Reise an den Anfang**
Was Martin erlebte
von Martin und Margit Kluge, reichhaltig illustriert
bearbeitet von Gabriela Wolf
66 Seiten, broschiert, € 12,80, ISBN 978-3-938088-04-3

Band 7 **- Das vergessene Wort I**
Vom Reichtum der deutschen Sprache in Darmstadt, Weinheim und Oppenheim
von Katrin Bibiella
291 Seiten, broschiert, € 24,80, ISBN-978-3-938088-07-4

Band 8 **- Worte des Ewigen**
Erinnerungen an das Sein, 48 Epigramme
104 Seiten, broschiert, € 9,80, ISBN 978-3-938088-03-6

Band 9 **- Heilung oder Heiligung?**
Ein Menschenbild im Lichte der Quantenphysik,
von Hans-Joachim Lenz
77 Seiten, broschiert, € 7,80, ISBN 978-3-938088-06-7

Band 10 **- Ehrfurcht vor dem Leben**
Albert Schweitzer zur Erneuerung der Kultur
von Claudia Burghart
140 Seiten, broschiert, € 12,80, ISBN 978-3-938088-12-8

Band 11A **- Jugend lehrt Jugend**
Ein pädagogisches Modellprojekt in Bad Kreuznach, Teil I
von Sonja Wagener
101 Seiten, broschiert, € 8,80, ISBN 978-3-938088-11-1

Band 11A - Jugend lehrt Jugend
Ein pädagogisches Modellprojekt in Bad Kreuznach, Teil II
von Sonja Wagener
114 Seiten, broschiert, € 9,80, ISBN 978-3-938088-13-5

Band 11B **- Jugend lehrt Jugend**
Ein pädagogisches Modellprojekt in Overath, Teil I
von Petra Ehrler
106 Seiten, broschiert, € 9,20, ISBN 978-3-938088-10-4

Band 11B - Jugend lehrt Jugend
Ein pädagogisches Modellprojekt in Overath, Teil II
von Petra Ehrler
168 Seiten, broschiert, € 14,20, ISBN 978-3-938088-14-2

Band 12 **- Das vergessene Wort II**
Vom Reichtum der deutschen Sprache in Heidelberg und Weimar
von Katrin Bibiella
166 Seiten, broschiert, € 14,20, ISBN 978-3-938088-08-1

Band 13 **- De Dignitate Hominis**
Zum Menschenbild in der Geschichte der Pädagogik
von Gabriela Wolf
160 Seiten, broschiert, € 14,20, ISBN 978-3-938088-09-8

Band 14 **– Handeln als gelebter Wert**
Aus Hannah Arendts Leben und Werk
von Patricia Rehm
146 Seiten, broschiert, € 12,80, ISBN 978-3-938088-15-9

Band 15 **– KulturForum Wissen 2007**
„Wir sind auf dem Weg."
Ein Menschenbild zwischen Geist und Materie
von Hans-Joachim Lenz
52 Seiten, broschiert, € 5,80, ISBN 978-3-938088-16-6

Band 16 **– Das vergessene Wort III**
Vom Reichtum der deutschen Sprache in Aschaffenburg
von Katrin Bibiella
103 Seiten, broschiert, € 9,20, ISBN 978-3-938088-17-3

Weitere Projekte siehe:
www.lenz-stiftung-mainz.de